Das illustrierte Nachschlagewerk

Schlachtschiffe
und Schlachtkreuzer

John Jordan

PODZUN - PALLAS

Das illustrierte Nachschlagewerk

Schlachtschiffe
und Schlachtkreuzer

John Jordan

Deutsche Ausgabe:
© Copyright 1989
Alle Rechte, auch die des auszugsweisen Nachdrucks der deutschen Ausgabe,
beim
PODZUN - PALLAS-Verlag GmbH, Markt 9, 6360 Friedberg/H.3.
Deutsche Übersetzung: Gerhard Koop
Fotosatz: Brigitte Keller
Technische Herstellung: Buch- und Offsetdruck Ernst Uhl,
7760 Radolfzell/Bodensee
ISBN: 3-7909-0365-5

© Copyright 1985
der englischen Original-Ausgabe: Salamander Books Ltd., Salamander House,
27 Old Gloucester Street, London WC 1 N 3 AF, England

Bilder: Der Verlag dankt den vielen offiziellen Archiven und privaten Sammlun-
gen, die Bildmaterial für dieses Buch lieferten. Besonderer Dank für die Erlaubnis der Bildproduktion gilt Tony Gibbons und Ray Burt.

Autor: John Jordan ist ein bekannter Mitarbeiter vieler Zeitschriften und als Be-
rater vieler militärhistorischer Artikel und Bücher anerkannt.

Inhalt

Einleitung

Bis etwa 1921 waren dem Schlachtschiffbau konstruktionsmäßig Grenzen gesetzt und erst die Ausnutzung neuer Technologien ermöglichte den Bau kampfstärkerer Großkampfschiffe. Die Kaliber der Schweren Artillerie (SA) steigerten sich von 28 cm und 30,5 cm auf 35,6 cm und 38,1 cm und für unmittelbar nach 1918 projektierte Schlachtschiffe sogar auf 40,6 cm und 45,7 cm. Bei den Hauptseemächten befanden sich neue, schwer bewaffnete 50.000-ts-Schlachtschiffe und Schlachtkreuzer in der Planung.

Grenzen setzten die finanziellen Auswirkungen des gerade beendeten Ersten Weltkrieges. Die Kassen waren leer. Um daher einem nicht auszuschließenden erneuten Wettrüsten zu begegnen, kamen die beiden Supermächte USA und Großbritannien 1921 in Washington zusammen, um darüber zu verhandeln.

Mit dabei waren Japan, Frankreich und Italien. Da die zu dieser Zeit geplanten Neubauten sogar die sich 1919/20 in Bau befindlichen Großkampfschiffe deklassiert hätten, erachtete man es als dringend notwendig, sich über die Größe und Armierung künftiger Schlachtschiffe zu einigen. Als Maßstab galten die amerikanische Maryland-Klasse und die japanischen Schiffe Nagato und Mutso. Ihre Daten wurden als Obergrenze angesehen, d.h., die maximale Verdrängung sollte künftig bei 35.000 ts liegen und das Kaliber der SA bei 40,6 cm.

Diese Werte wurden in dem aus dieser Konferenz resultierenden Vertrag festgeschrieben. Darüber hinaus erfolgte die Verpflichtung, daß im Schlachtschiffbau eine zehnjährige Pause einzulegen war, und die Hauptseemächte einigten sich auf eine Festlegung der Gesamtzahl dieser Schiffe nach dem Schlüssel: Großbritannien und USA = je 5, Japan = je 3, Frankreich und Italien = 1,75.

Deutschland gehörte nicht zu den Teilnehmern dieser Konferenz und daher auch nicht zu den Unterzeichnern. Dafür galten für die deutsche Marine die erheblich größeren Einschränkungen des Versailler Friedensvertrages von 1919. Hiernach war den Deutschen nicht erlaubt, Panzerschiffe mit mehr als 10.000 ts Standardverdrängung zu bauen. Außerdem war die Gesamtstärke der Marine so festgelegt, daß sie nur mehr den Status einer Küstenverteidigungsmacht hatte.

Die Zehnjahrespause zwang die Haupt-

Unten: Die britische Dreadnought, bei Fertigstellung 1906 das stärkste Schlachtschiff der Welt. Um 1920 wurden bereits Schiffe mit mehr als doppelt so großer Verdrängung und Kalibern von 40,6 cm bis 45,7 cm entworfen.

Oben: Noch in den 20er und 30er Jahren hielt man an der Schlachtlinie fest. Das Bild zeigt ein Geschwader der britischen R-Klasse Anfang der 20er Jahre im Manöver, Spitzenschiff ist die Royal Oak.

seemächte, ihre Aufmerksamkeit vermehrt jenen Schlachtschiffen zu widmen, die noch aus der Zeit des Ersten Weltkrieges stammten. Da sie für absehbare Zeit den Kern ihrer Schlachtflotten bilden würden, wurden sie modernisiert. Die wichtigsten Erkenntnisse aus dem letzten Kriege waren, daß künftige Kämpfe auf wesentlich größere Entfernungen geführt würden als zu Beginn der Dreadnought-Zeit. Daher waren Verbesserungen auf dem Gebiet der Feuerleitung und des Horizontalschutzes erforderlich. Der Gefahr durch steil einfallende Geschosse begegnete man durch die Verstärkung der bis dahin relativ leichten Panzerdecks. Hierbei wollte man auch der Verletzbarkeit durch die neuentwickelten Bombenflugzeuge vorbeugen. Diese konnten sowohl von Landbasen als auch von Flugzeugträgern aus starten. Die meisten alten Schiffe erhielten daher in den 20er Jahren zusätzliche Panzerplatten über den Magazinen und Maschinenräumen. Man verbesserte die Feuerleitanlagen, baute zahlreiche Kasemattgeschütze aus und ersetzte sie durch Flak.

Neubauten

Großbritannien erhielt aufgrund des Washingtoner Abkommens die Erlaubnis zum Bau von zwei Schlachtschiffen mit dem Kaliber 40,6 cm: Nelson und Rodney. Den übrigen Staaten wurden die Auswirkungen des Vertrages auf neue Entwürfe erst Ende der 20er bis Anfang der 30er Jahre richtig bewußt. Deutschland baute als erste Nation neue Großkampfschiffe. Ohne Bindung an den Washingtonvertrag, aber unter den Auflagen von Versailles, entstanden die bemerkenswerten

7

Panzerschiffe der Deutschland-Klasse. Sie stellten eine ernste Bedrohung für die Handelsschiffahrt Frankreichs und Großbritanniens dar. Kalibermäßig waren sie den sogenannten »Vertragskreuzern« dieser Staaten überlegen und außerdem mit ihrer bekanntgewordenen Dauergeschwindigkeit von 26 kn auch den neueren Schlachtschiffen. Ihr Bau führte dazu, daß Frankreich und Italien — sie verfügten nur über langsame Schlachtschiffe — der Verlängerung der Zehnjahrespause im Schlachtschiffbau um weitere fünf Jahre ihre Zustimmung verweigerten. Die entsprechende Konferenz fand 1930 in London statt. Frankreich beantwortete die Deutschland-Klasse mit einem neuartigen, schnellen Schlachtschifftyp, der Dunkerque-Klasse. Das zwang wiederum Italien zum Bau der 30 kn schnellen Vittorio Veneto-Klasse. Beide Klassen entsprachen mit ihrer Größe und Armierung den Bestimmungen des Washingtoner Abkommens. Großbritannien wartete ab. Man hoffte noch immer, daß es im Bemühen, ein neuerliches Wettrüsten zu vermeiden, zu einem weiteren Übereinkommen mit Japan und den USA käme. Im Vergleich mit den beiden Großmächten USA und Japan befand sich Großbritannien in einer schwierigen Lage. Einerseits konnte es die politische und maritime Entwicklung in Europa nicht einfach ignorieren, andererseits hatte man Befürchtungen, einem Abkommen zuzustimmen, das den Japanern beim Schlachtschiffbau Zugeständnisse machte, die dadurch zu einer Bedrohung der fernöstlichen Besitzungen werden konnten. Die USA und Japan verhielten sich abwartend. Sie beobachteten sich gegenseitig und warteten jeweils die Entwicklungen auf der Gegenseite ab, um dann mit dem Bau neuer Schiffe oder der Einführung neuer Waffen zu reagieren.

Schließlich ging auch Großbritannien dazu über, neue Schlachtschiffe in Auftrag zu geben. Mit ihrer Armierung mit 35,6 cm-Geschützen hoffte Großbritannien den anderen Seemächten ein Signal zu geben, daß diese den gleichen Weg beschreiten würden, aber aufgrund von Gerüchten um den Bau neuer japanischer Schlachtschiffe, gingen die USA bei der North Carolina-Klasse zum Kaliber 40,6 cm über. Die Japaner wählten schließlich das Kaliber 45,7 cm und unternahmen damit den Versuch, der Überzahl der amerikanischen Schlachtschiffe mit einer beschränkten Streitmacht von Super-Schlachtschiffen zu begegnen.

Eines der größten Probleme beim Bau neuer Schlachtschiffe war das Einhalten der im Washingtoner Abkommen festgelegten Verdrängungshöchstgrenze von 35.000 ts. Wollte man eine SA von acht oder neun 40,6 cm-Geschützen einbauen, war diese Limitierung nicht tragbar. Außerdem stand die Frage der Armierung auch nicht im Vordergrund der Debatte um den Vertrag. Mit der Wahl dieses neuen Kalibers wurden nicht nur ein dickerer Seitenpanzer zum Schutz der Innenbereiche eines Schiffes und ein dazugehöriges schweres Panzerdeck erforderlich, auch die Geschwindigkeit von 21 kn bis 23 kn war nicht länger akzeptabel. Das Anwachsen auf 28 kn bis 30 kn erforderte aber eine enorme Leistungssteigerung. Die Maryland-Klasse von 1921/23 benötigte für ihre 21,5 kn insgesamt 29.000 WPS, die North Carolina-Klasse für 27,5 kn bereits 121.000 WPS, bei der Iowa-Klasse mit 33 kn waren es schließlich 200.000 WPS. Diese hohen Leistungen waren mit den Ende der 30er Jahre entwickelten leichtgewichtigen Hochdruckturbinen zwar erreichbar, aber Hochleistungen er-

Schlachtsch

Kiellegung	Deutschland	Frankreich
1929	Deutschland	
1930		
1931	Admiral Scheer	
1932	Admiral Graf Spee	Dunkerque
1933		
1934		Strassbou
1935	Scharnhorst Gneisenau	Richelieu
1936	Bismarck Tirpitz	Jean Bart
1937		
1938		
1939		Clémencea
1940		
1941		

Oben: Nelson: Schießen der SA. Sie und die Rodney waren die ersten dem Washingtoner Abkommen unterworfenen Neubauten.

eubauten zwischen den Kriegen

Italien	Großbritannien	Japan	USA
Littorio Vittorio Veneto			
	King George v. Prince of Wales Duke of York Howe Anson	Yamato	North Carolina
Roma Impero		Musashi	Washington
	Lion Temeraire		South Dakota Massachusetts Indiana
		Shinano Nr. 111	Alabama Iowa New Jersey
	Vanguard		Missouri Wisconsin

forderten auch größere Maschinenanlagen und -räume, folglich längere Schiffe. Und dieses alles mußte wiederum gegen 40,6 cm-Geschosse geschützt werden. Dieses waren die Gründe, die zum Umdenken zwangen, die Tendenz zur größeren Verdrängung wuchs. Ein weiteres Problem erschwerte die Entwurfsarbeiten. Man forderte nicht nur eine Batterie sogenannter »Zerstörerabwehrkanonen« als Mittelartillerie (MA), sondern auch eine Steilfeuerbatterie von Flugabwehrkanonen (Flak). Dazu gehörten umfangreiche Feuerleitanlagen (allgemein vier pro Schiff), die hoch oben zu installieren waren.

Die Briten, Amerikaner und Franzosen tendierten zu einem Mehrzweckgeschütz für See- und Luftzieleinsatz. Da diese allerdings nicht in kraftbetriebenen und gepanzerten Türmen stehen sollten, war die dadurch erhoffte Gewichtsersparnis nur gering.

Angesichts dieser — und weiterer — Probleme mußten die Konstrukteure entweder Kompromisse schließen oder »mogeln«. Großbritannien und die USA bemühten sich, innerhalb der vom Abkommen festgelegten Grenzen zu bleiben, und das ging nur, wenn man die Forderungen herunterschraubte. Die britische King George V.-Klasse war zwar gut gepanzert, dafür aber unterbewaffnet und 2 kn langsamer als die europäischen Artgenossen. Die amerikanische North Carolina-Klasse war mit neun 40,6 cm-Geschüt-

zen zwar gut armiert, besaß aber nur einen Panzerschutz gegen 35,6 cm-Geschosse und war gegenüber den europäischen Schlachtschiffen ebenfalls langsamer. Die italienischen, französischen und deutschen Schlachtschiffe mit 38 cm-Geschützen waren alle größer (38.000-42.000 ts). Die Japaner mißachteten alle Verträge und bauten ihre Yamato-Klasse mit 63.000 ts.

Bewaffnung

Vor 1921 waren nur die Schlachtschiffe der USA und Italiens mit einer in Drillingstürmen stehenden SA versehen. Diese Aufstellungsart sollte bis 1939 zum Standard werden. Frankreich und Großbritannien bauten sogar Schlachtschiffe mit Vierlingstürmen. Nur die mehr konservativen Deutschen hielten am Zwillingsturm fest. Die Entwicklung der Mehrgeschütztürme basierte allgemein auf dem mit der amerikanischen Nevada-Klasse eingeführten »Alles oder Nichts«-Panzersystem. Um die gepanzerte Zitadelle eines Schlachtschiffes möglichst klein zu halten, ging man immer mehr über zum Mehrgeschützturm. Natürlich spielte dabei auch die Wirtschaftlichkeit eine Rolle, denn das sparte Gewicht — wenn man so will, eine der Konsequenzen des Washingtoner Abkommens. Bei der britischen King George V.-Klasse kamen politische Gründe hinzu, und die Wahl des Vierlingsturmes zwang zum Ka-

Unten: Das amerikanische 35,6 cm/L 45-MK 3-Geschütz von 1914 war für die damalige Zeit gut durchkonstruiert. Es gab einen zweistufigen Aufzug und die Rohre konnten in jeder Lage nachgeladen werden. Die Drillings- und Vierlingstürme der Nachkriegszeit waren zwar komplexer, hatten dafür aber viele Probleme.

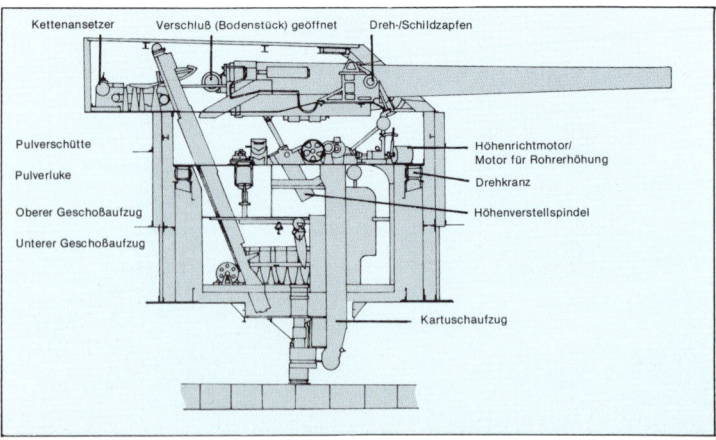

liber 35,6 cm, von dem insgesamt 12 Geschütze gefordert waren, endgültig aber nur zehn zum Einbau kamen.

Die Franzosen bevorzugten den Vierlingsturm ausschließlich aus technischen Gründen. Sie übernahmen diese Aufstellung bei allen in der Nachkriegszeit entworfenen und gebauten Schlachtschiffen. Die Mehrgeschütztürme erfüllten nicht immer die von den Konstrukteuren in sie gesetzten Erwartungen. Beim Drillingsturm teilte sich das Mittelrohr den Aufzug allgemein mit einem der beiden äußeren Rohre. Das bewirkte eine langsamere Schußfolge. Sowohl die Drillings- als auch die Vierlingstürme riefen merkliche Beanspruchungen der Schiffskörperstrukturen hervor. Die großen Öffnungen für die Barbetten und die gewaltigen Rückstoßkräfte führten oft zu Beschränkungen der Salvenfolge.

Die Aufstellung der Feuerleitanlagen wurde bereits zwischen den Kriegen verbessert. Man ging davon aus, daß sich die Standardkampfentfernung auf 23.000 m vergrößern würde. Vor dem Skagerrak waren es allgemein noch 11.000-14.500 m gewesen. Neue Entfernungsmesser mit größerer Reichweite kamen zur Einführung, und in den 30er Jahren plazierte man die Feuerleitgeräte der SA höher: allgemein auf die Decke des Turmmastes.

Die wichtigste Entwicklung des Zweiten Weltkrieges war das Radar. Dieses teilte die Schlachtflotten der Welt praktisch in zwei Lager: das eine besaß es, das andere nicht. Bei schlechtem Wetter und auch bei scheinbarer Unterlegenheit hatte eine mit Radar ausgerüstete Flotte alle Vorteile auf ihrer Seite. Das zeigt deutlich die Versenkung des deutschen Schlachtschiffes Scharnhorst im Dezember 1943. Auf allen Schlachtschiffen steigerte man die Rohrerhöhung der SA auf 30°. Diese Maßnahme wurde bereits in der Nachkriegszeit durchgeführt. Damit wollte man die Unterlegenheit gegenüber den schnelleren Neubauten ausgleichen, denn diese konnten mit ihrer Schnelligkeit die Gefechtsentfernung bestimmen. Die italienische Schlachtflotte von 1940 war nach dem Motto »An Schußweite übertreffen — schneller fahren« umgebaut und umgerüstet worden, die Neubauten wurden bereits nach diesem Prinzip entworfen.

In den 20er Jahren verzichtete man weitgehend auf die Kasemattgeschütze. Für sie fanden die Geschütze der MA in Türmen Aufstellung. Aufgrund ihrer geringen Rohrerhöhung und folglich auch Reichweite waren die Kasemattgeschütze nicht länger akzeptabel. Hinzu kamen der enge Bestreichungswinkel und ihre Unbrauchbarkeit bei schwerem Wetter. Mit ihrem Wegfall entfiel auch der zusätzliche Seitenpanzer, der beim nunmehrigen »Alles oder Nichts«-System nicht nötig war. Die Aufstellung in Türmen führte später zu einer Art Konkurrenz, denn auch die wachsende Zahl der Flak forderte ebenfalls viel Platz. Als logische Folge

Unten: Mit der Nevada-Klasse führten die Amerikaner 1916 den Drillingsturm ein. Er wurde zum Standard amerikanischer Schlachtschiffe. Hier ein Schiff der New Mexico-Klasse während der Beschießung Okinawas im April 1945.

ging man über zum Mehrzweckgeschütz. Die Entwicklung einer voll befriedigenden Waffe dieser Art, die allen Anforderungen gerecht wurde, war ein schwieriger Prozeß. Als Flak wurde eine kurzrohrige, leichte Kanone mit hoher Schußfolge und leichter Bedienung gefordert, für den Seezielkampf hingegen eine Waffe mit großer Treffsicherheit und hoher Mündungsgeschwindigkeit, also langem Rohr.

Die Deutschen führten in den 20er Jahren als MA das 12,7 cm/L 45-Geschütz und als Flak das 12,7 cm/L 25-Geschütz ein. Die widersprüchlichen Forderungen führten schließlich zur Standardwaffe, einem 12,7 cm/L 38-Geschütz. Dieses wurde allgemein als wirkungsvolle Flak angesehen, erwies sich aber als völlig unzulänglich.

Das britische Gegenstück war die 13,3 cm/L 50-Kanone als MA. Da ihre Schwenkgeschwindigkeit, Rohrerhöhung und Schußfolge jedoch zu gering waren, zeigte sie sich als Flak weniger effektiv. Abgesehen von den Briten und Amerikanern experimentierten nur noch die Franzosen mit einer Mehrzweckwaffe. Das für die Dunkerque-Klasse entwickelte 13 cm/L 45-Geschütz wurde zum totalen Fehlschlag. Für die Richelieu-Klasse verzichtete man darauf. Diese erhielt wieder eine getrennte MA und Flak. Die Deutschen, Italiener und Japaner blieben bei getrennter MA und leichter Flak. Erst die Kriegserfahrungen zwangen zur Aufstellung weiterer und wirkungsvollerer Flak.

Die meisten Waffenentwicklungen bis 1939 erwiesen sich als unzulänglich. Schließlich kam es bei den alliierten Marinen zur weitgehenden Einführung der 40 mm-Bofors- und 20 mm-Oerlikon-Kanonen. Allgemein gesehen, war das Flakfeuer der alliierten Schlachtschiffe wirkungsvoller als das der deutschen, italienischen und japanischen Gegenspieler, denn mit Ausnahme der ganz leichten Waffen waren alle anderen radargesteuert.

Schiffsschutz

Mit Ausnahme der Deutschen, die am Althergebrachten festhielten — sie hatten nach Ende des Ersten Weltkrieges auch keine Möglichkeiten, alte Schiffskörper durch Ansprengungen zu testen — gingen alle anderen Marinen vom komplizierten abgestuften Panzerungssystem über zum Schiffsschutz »Alles oder Nichts«.

Das System bestand aus einem schweren Seitenpanzer von einheitlicher Dicke, auf dessen Stoßkanten ein schweres Panzerdeck ruhte. Dieses war als Schutz gegen steil einfallende Geschosse gedacht. An beiden Enden wurde die Struktur durch schwere Panzerquerschotte abgeschlossen. Sie saßen unmittelbar hinter dem achteren und vor dem vorderen Turm der SA. Das von dieser Panzerung umschlossene Schiffsinnere war die Zitadelle. Außerhalb der Zitadelle wurden zusätzlich die Türme mit ihren Barbetten und der Kommandoturm geschützt, und über dem Rudermaschinenraum befand sich ebenfalls ein Schutzdeck. Einige Marinen, wie die US-Navy, bevorzugten ein

Unten: Die Tirpitz 1941 beim Schießen in der Ostsee. Die Deutschen bevorzugten getrennte MA und Flak. Einer der 15 cm-Doppeltürme und dahinter eine 10,5 cm-Doppelflak sind gut zu erkennen.

Rechts: Die modernisierte New Jersey beim Abschuß einer Schiff/Schiff-Rakete des Typs Tomahawk. Die Flugkörper haben inzwischen die schweren Geschütze verdrängt, haben im Kampf Schiff gegen Schiff eine größere Reichweite und Leitsysteme, die unabhängig vom schießenden Schiff arbeiten können. Bei Küstenbeschießungen ist die SA aber nach wie vor wirtschaftlicher.

leichtgepanzertes Oberdeck. Dadurch sollten panzerbrechende Geschosse und Bomben vor Erreichen des Panzerdecks zur Detonation gebracht werden. Aufgrund der begrenzten Schiffsgröße und mit wachsender Gefechtsentfernung wurde das »Alles oder Nichts«-System unentbehrlich. Es hatte aber auch eine Schwachstelle. Zwar waren die empfindlichen Abschnitte im Schiffsinneren gegen Steilfeuergeschosse geschützt, aber wenn die Geschosse auf die Seiten trafen, sah es anders aus. Zwar waren auch dann die Maschinenräume und Magazine durch die Zitadelle geschützt, aber es bestand die ernste Gefahr, daß das Schiff seinen Restauftrieb verlor, wenn durch die Explosionswirkung der Geschosse Löcher in den ungepanzerten Seiten entstanden und große Wassermengen eindringen konnten.

Nach zwischen den Kriegen durchgeführten Versuchen wurde der Unterwasserschutz erheblich verbessert. Viele Schiffe erhielten Wulste, und ihre innere Unterteilung bestand allgemein aus drei oder vier Längsschotts. Zwischen diesen befanden sich mit Flüssigkeit gefüllte Räume, die bei einem Treffer die erste Schockwelle auffangen sollten.

Ein großer Schwachpunkt aller Schlachtschiffe war das Fehlen eines ausreichenden Schutzes der Schraubenwellen und Ruder. Diesem Problem hatte man nie genügend Beachtung geschenkt. Sowohl die Bismarck als auch die Prince of Wales wurden durch diesen Bereich treffende Lufttorpedos lahmgeschossen. Die Folge waren Geschwindigkeitsverlust und Manövrierunfähigkeit. Beide Schiffe sanken. Das von der US-Navy eingeführte tunnelartig ausgebildete Achterschiff, bei dem die Außenpropeller an langen Tothölzern gehalten waren, die der Mittelwelle zugleich Schutz boten, hat ohne Zweifel ihre Schlachtschiffe in Lagen dieser Art weniger verwundbar gemacht.

Antriebsanlagen

Im Jahre 1921 genügte den Schlachtflotten der Hauptseemächte in der Linie eine Geschwindigkeit von 21 kn bis 22 kn. Wenn man die in Washington festgelegte Höchstgrenze von 35.000 ts zugrundelegte, kam man zu dem Ergebnis, daß sich kaum etwas ändern würde oder ließ. Erst die Entwicklung der leichtgewichtigen Hochdruckturbine öffnete die Tür zum Bau wirklich schneller Schlachtschiffe als Gegenpart zu dem leichtgepanzerten und im schlechtem Ruf stehenden Schlachtkreuzertyp. Den Trend hin zum schnellen Großkampfschiff machten sich zuerst die kleinen Seemächte zunutze, denn naturgemäß fürchteten sie eine Konfrontation mit den Schlachtflotten der beiden Supermächte USA und Großbritannien.

Frankreich und Italien legten als erste Schlachtschiffe für 30 kn Geschwindigkeit auf Stapel, Deutschland folgte dicht auf.

Die Royal Navy und US-Navy blieben vorerst bei ihren altbewährten Leistungen, waren aber bald gezwungen, die Geschwindigkeiten von 27 kn bis 28 kn zu steigern. Nur so konnten sie der drohenden Überrundung durch die europäischen Schlachtschiffe begegnen. Außer auf den neuen Schiffen wurden in den 30er Jahren auch auf den umgebauten Einheiten leichtgewichtige Maschinenanlagen eingebaut.

Die Japaner steigerten die Geschwindigkeit ihrer Schlachtflotte auf 25 kn bis 26 kn und war nun der US-Flotte um 4 kn bis 5 kn überlegen. Die Italiener bauten ihre alten Dreadnoughts der Cavour- und Duilio-Klasse komplett um und erhielten dadurch eine moderne Schlachtflotte. Die französischen Einheiten wurden dadurch völlig deklassiert. Die Briten gaben bei ihren Umbauten der durch Gewichtsverteilung gewonnenen Raum- und Platzgewin-

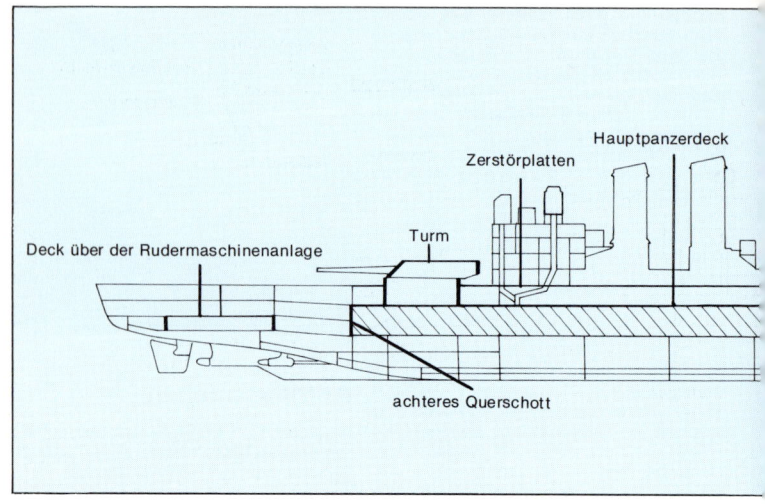

Das »Alles oder Nichts«-System der North Carolina

nung den Vorzug. Das ermöglichte bei der Queen Elizabeth-Klasse und Renown die Aufstellung von Flak. Die Geschwindigkeit blieb unverändert. Die Deutschen gingen über zu einer bemerkenswerten neuen Antriebsart. Die Deutschland-Klasse erhielt Dieselmotoren. Diese waren zu jener Zeit noch massig, schwer und nicht umsteuerbar. Daher kehrte man bei der Scharnhorst- und Bismarck-Klasse zu Hochdruck-Turbinenanlagen zurück. Dennoch hofften die Deutschen, die noch anstehenden Motorenprobleme in den Griff zu bekommen und sahen für die geplanten Einheiten der H-Klasse erneut Dieselmotoren vor; es war die Nachfolgeklasse der Bismarck und Tirpitz. Das augenscheinlich Verlockende im Vergleich zum Dampfantrieb war der geringe Brennstoffverbrauch. Daraus resultierte ein großer Fahrbereich. Beides war für eine Handelskriegführung von unschätzbarem Wert.

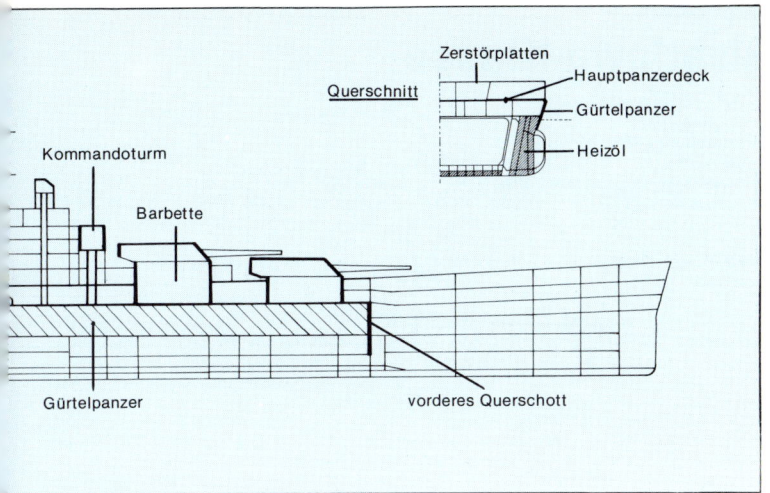

Querschnitt

Zerstörplatten
Hauptpanzerdeck
Gürtelpanzer
Heizöl

Kommandoturm

Barbette

Gürtelpanzer

vorderes Querschott

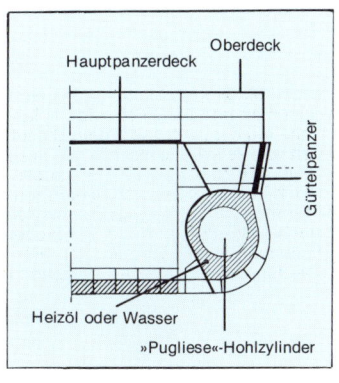

Oberdeck

Hauptpanzerdeck

Gürtelpanzer

Heizöl oder Wasser

»Pugliese«-Hohlzylinder

Links: Der Unterwasserschutz des italienischen Ingenieurs Pugliese für die Vittorio Veneto-Klasse bestand aus einem Hohlzylinder mit 3,8 m Durchmesser. Er war mit Heizöl gefüllt.

ARGENTINIEN

Rivadavia-Klasse

Namen: Rivadavia, Moreno
Kiellegung: 1910
Fertigstellung: 1914/15
Verdrängung: 28.000 ts Standard, 31.000 ts Einsatz
Abmessungen: Länge über alles 178,3 m, Breite 29 m, Tiefgang 8,5 m
Maschinenanlage: Curtisturbinen, 18 Babcock-Kessel, 45.000 WPS, 3 Wellen, 23 kn
Panzerung: Gürtelpanzer 280-100 mm, Decks 38 mm und 75 mm, Barbetten 305 mm, Türme 305-75 mm, Kommandoturm 305 mm
Bewaffnung: 12x30,5 cm, 12x15,2 cm, 4x7,62 cm-Flak, 4x40 mm-Flak, 2x53,3 cm-TR
Besatzung: 1.050-1.215

Entwicklungsgeschichte: Die beiden Schlachtschiffe dieser Klasse wurden als Antwort auf die beiden in Großbritannien für den Erzrivalen Brasilien befindlichen Dreadnoughts in den USA gebaut. Beide wiesen viele in der US-Navy übliche Merkmale auf, aber es gab auch zahlreiche europäische. Amerikanisch waren die beiden überhöhten Geschütztürme vorn und achtern und der Gittermast vorne, britisch waren die beiden seitlich postierten Geschütztürme, die an die britische Neptune- und Colossus-Klasse erinnerten. Die 15,2 cm-MA verriet den deutschen Einfluß. Der Schiffsschutz ähnelte der britischen Praxis, es gab aber einen zusätzlichen Unterwasserschutz.
Die Schiffe waren für die relativ hohe Geschwindigkeit von 23 kn konstruiert und die Anordnung der Maschinenanlage verriet den Einfluß der italienischen Dante Alighieri. Es kam eine Dreiwellenanlage zum Einbau, die Kesselräume lagen vor und hinter dem mittschiffs liegenden Turbinenraum. Durch diese recht attraktive Anordnung hatten die beiden seitlichen Geschütztürme einen genügend großen Bestreichungswinkel.
Beide Einheiten wurden 1924/25 in den USA modernisiert. Die Kessel erhielten Ölfeuerung, den Pfahlmast ersetzte ein Dreibeinmast, und es kam 7,62 cm-Flak an Bord. 1940 erhielten sie zusätzlich vier 40 mm-Flak. Zu dieser Zeit waren sie nur noch von geringem militärischen Wert. 1957 wurden beide Schiffe nach über vierzigjähriger Dienstzeit zum Abbruch verkauft.

Oben: Die Rivadavia nach Umbau 1924/25 in den USA: der vormalige Großmast wurde durch einen Dreibeinmast ersetzt, die Flak durch zusätzliche 7,62 cm-Geschütze verstärkt.

Unten: Die Moreno wurde Mitte der 20er Jahre ähnlich modifiziert: Beide Schiffe erhielten Ölkessel und auf die Türme B und X kamen Feuerleitgeräte.

BRASILIEN

Minas Gerais-Klasse

Namen: Minas Gerais, Sao Paulo
Kiellegung: 1907
Fertigstellung: 1910
Verdrängung: 19.280 ts Standard
Abmessungen: Länge über alles 162,4 m, Breite 25,3 m, Tiefgang 7,6 m
Maschinenanlage: Dreifachexpansionsmaschinen, Sao Paulo 18 Babcock-Kessel, Minas Gerais 6 Thornycroft-Kessel, 23.500-30.000 PSi, 2 Wellen, 21-22 kn
Panzerung: Gürtelpanzer 230-100 mm, Decks 50 mm und 25 mm, Barbetten 230 mm, Türme 230 mm, Kommandoturm 305-205 mm
Bewaffnung: 12x30,5 cm, 14/12x12 cm, 4x10,2 cm-Flak, Minas Gerais 4x40 mm-Flak, Sao Paulo 2x7,62 cm-Flak
Besatzung: 850

Entwicklungsgeschichte: Gebaut in Großbritannien, zugleich die ersten von einer südamerikanischen Marine georderten Dreadnoughts. Bei ihrer Fertigstellung waren es die stärksten Großkampfschiffe der Welt. Die Minas Gerais wurde 1934/37 umgebaut, erhielt neue Kessel und zusätzlich Flak. Die Rauchgasrohre endeten jetzt in einem breiten Schornstein. Wegen des schlechten Allgemeinzustandes verzichtete man bei der Sao Paulo auf diesen Umbau. Sie ging auf der Überführung zum Abbruch in Italien im Atlantik verloren. Die Minas Gerais wurde 1954 abgewrackt. Zu dieser Zeit war sie einer der ältesten noch vorhandenen Dreadnoughts.

CHILE

Almirante Latorre

Kiellegung: 1911
Fertigstellung: 1915
Verdrängung: 28.500 ts Standard, 32.500 ts Einsatz
Abmessungen: Länge über alles 201,5 m, Breite 31,4 m, Tiefgang 8,8 m
Maschinenanlage: Parsons-Getriebeturbinen, 21 Yarrow-Kessel, 37.000 WPS, 4 Wellen, 22,5 kn
Panzerung: Gürtelpanzer 230-100 mm, Decks 38 mm und 100-25 mm, Barbetten 255-100 mm, Türme 255 mm, Kommandoturm 280-150 mm
Bewaffnung: 10x35,6 cm, 14x15,2 cm, 4x10,2 cm-Flak, 2x40 mm-Flak, 4x53,3 cm-TR
Besatzung: 1.176

Entwicklungsgeschichte: Eines der beiden 1911 in Großbritannien georderten Schlachtschiffe, die Almirante Latorre, diente von der Fertigstellung bis zur Ablieferung an Chile im Jahre 1920 unter dem Namen Canada in der Royal Navy. Das zweite

Unten: Die Almirante Latorre 1915 als HMS Canada. Während des Baues beschlagnahmt, diente sie in der Grand Fleet, nahm an der Skagerrakschlacht teil und ging erst 1920 nach Chile.

Oben: Die Sao Paulo bei Fertigstellung. Äußerlich erinnert sie an die Dreadnought.

Unten: Die Minas Gerais nach dem Umbau 1934/37.

Schiff verblieb in Großbritannien und wurde als Flugzeugträger Eagle fertiggestellt. 1929/31 wurde die Almirante Latorre modernisiert, erhielt neue Maschinen und Seitenwülste gegen Torpedos. Im Zweiten Weltkrieg wurde die Flak um 18x20 mm vermehrt. Das Schiff wurde erst 1958 außer Dienst gestellt.

Unten: Almirante Latorre 1929/31 während des Umbaues in Devonport. Sie erhielt Ölfeuerung und Torpedowülste.

Provence-Klasse

Namen: Provence, Bretagne, Lorraine
Kiellegung: 1912
Fertigstellung: 1915/16
Verdrängung: 22.190 ts Standard, 26.700-28.500 ts Einsatz
Abmessungen: Länge über alles 166 m, Breite, 27 m, Tiefgang 9,20 m
Maschinenanlage: Parsonsturbinen, 6 Indret-Kessel, 43.000 WPS, 4 Wellen, 21 kn
Panzerung: Gürtelpanzer 270-160 mm, Decks 30 mm und 40 mm und 70 mm, Barbetten 270-250 mm, Türme 340-250 mm, Kommandoturm 315 mm
Bewaffnung: 10/8x34 cm, 14x13,8 cm, 8x7,5 cm- bzw. 10 cm-Flak, 4 bis 8x37 mm-Flak, 12x13,2 mm-Flak
Besatzung: 1.130

Entwicklungsgeschichte: Die drei alten Schlachtschiffe der Provence-Klasse erfuhren zwischen den Kriegen nur geringe Veränderungen. Beim ersten Umbau 1921/23 wurde die Rohrerhöhung der SA von 18° auf 23° gesteigert, beim zweiten wurden die Kessel auf Ölfeuerung umgerüstet und beim dritten (1932/36) erhielten sie neue Ölkessel und neue Feuerleitanlagen. Zugleich reduzierte man die Zahl der MA-Geschütze und stellte dafür Flak auf. Die Modernisierung der Lorraine war umfassender: der mittlere Turm der SA kam von Bord und dafür wurde ein Katapult (für vier Aufklärungsflugzeuge) installiert. Außerdem erhielt sie vier hochpostierte 10 cm-Doppelflak.
Im September 1939 befanden sich alle drei Einheiten im Mittelmeer. Die Lorraine beschoß unter der Deckung britischer Kreuzer im Juni 1940 Bardia und befand sich bei der französischen Kapitulation als Flaggschiff der Kampfgruppe X in Alexandria. Bis Mai 1943 war sie mit anderen Einheiten interniert und wurde dann den freifranzösischen Streitkräften übergeben. Im Anschluß deckte sie die Landungen der Alliierten in Dakar und Südfrankreich. 1945 wurde sie Schulschiff und aufgelegt.
Die Bretagne und Provence lagen im Juli 1940 in Mers-el-Kebir. Beide wurden hier von 38,1 cm-Geschossen der britischen Großkampfschiffe Hood, Barham und Resolution schwer getroffen. Die Bretagne kenterte nach einer Magazinexplosion, die Provence brannte lichterloh und wurde in flachem Wasser aufgesetzt. Nach Abbergung kehrte sie im November 1940 nach Toulon zurück, wo sie im November 1942 mit anderen dort liegenden Einheiten selbstversenkt wurde. Kurzzeitig diente sie den Deutschen als Schwimmende Batterie.

Rechts: Die Bretagne 1927 nach Umrüstung auf Ölfeuerung. Der massive Dreibeinmast kam erst nach dem Ersten Weltkrieg zur Aufstellung.

Unten: Nachfolger der Provence-Klasse war die Courbet-Klasse mit 30,5 cm-Geschützen. Anfang der 30er Jahre wurden die Einheiten Schulschiffe. Das Bild zeigt die Courbet 1938.

Dunkerque-Klasse

Namen: Dunkerque, Strasbourg
Kiellegung: 1932/34
Fertigstellung: 1937/38
Verdrängung: 26.500 ts Standard, 35.500 ts Einsatz
Abmessungen: Länge über alles 214,5 m, Breite 31,1 m, Tiefgang 9,60 m
Maschinenanlage: Parsons-Getriebeturbinen, 6 Indret-Kessel, 112.500 WPS, 4 Wellen, 29,5 kn
Panzerung: Gürtelpanzer 240-195 mm, Decks 125-115 mm und 40 mm, Barbetten 345 mm, Türme 330-150 mm, Kommandoturm 270-160 mm
Bewaffnung: 8x33 cm, 16x13 cm-Mehrzweck, 8x3,7 cm-Flak, 32x13,2 mm-Flak
Besatzung: 1.381-1.431

Entwicklungsgeschichte: Den Anstoß zum Bau gab die Deutschland-Klasse, denn die alten Schlachtschiffe erwiesen sich als zu langsam, die deutschen Einheiten, mit ihrer bemerkenswert hohen Geschwindigkeit als erste »schnelle Schlachtschiffe« der Welt abgestempelt, abzufangen. Der Bau wies starke britische Einflüsse auf, wurde doch ihre SA wie bei der Nelson-Klasse auf dem Vorschiff konzentriert. Die Wahl der Vierlingstürme führte jedoch auf frühere französische Entwürfe der Normandie- und Lyon-Klasse zurück, deren Anordnung ähnlich war. Die Steuerbord- und Backbordrohrpaare hatten eine gemeinsame Höhenregulierung. Die 33 cm-Geschütze hatten eine Rohrerhöhung von 35° und waren mit einer Reichweite von 30.000 m die Antwort auf die deutschen Panzerschiffe.

Rechts: Die Dunkerque kurz vor Fertigstellung. Ihr Entwurf lehnte sich stark an die britische Nelson-Klasse: SA vorne, Turmbrückenstruktur, ähnlicher Schiffsschutz. Allerdings widerstand die Panzerstärke nur den deutschen 28 cm-Geschossen bis zu einer Entfernung von 16.450 m. Ihr Unterwasserschutz bestand aus luft- und flüssigkeitgefüllten Abteilungen mit einem im Inneren sitzenden Torpedoschott und einer dazwischensitzenden, mit Hartgummimasse gefüllten Abteilung.

Einen großen — wenn auch theoretischen — Vorteil sah man in der Zusammenfassung der SA in Vierlingstürmen. Dadurch konnte man die Länge des Schiffskörpers begrenzen und damit auch die gepanzerte Zitadelle. Auf der anderen Seite bestand die Gefahr, daß beide Türme durch einen einzigen Treffer außer Gefecht gesetzt werden konnten. Daher wählte man zwischen den Türmen einen Abstand von 27 m. Somit lag der Hauptvorteil lediglich in der Gewichtseinsparung bei den Geschützen selbst. Das galt aber nur im Vergleich mit der konventionellen Aufstellung von vier Zwillingstürmen.

Dunkerque und Strasbourg waren die ersten Schlachtschiffe mit einer MA, die aus Mehrzweckgeschützen bestand. Die in Zwillings- und Vierlingslafetten aufgestellten 13 cm-Geschütze waren jedoch ein Mißerfolg. Für eine effektive Luftabwehr waren sie zu unbeweglich. Sie fielen häufig aus. Bei der nachfolgenden Richelieu-Klasse fanden sie keine Verwendung mehr.

Die Schiffe führten ein Katapult und hatten zwei Flugzeuge.

Für ihre Aufgabe, Schutz der Handelsschiffahrt gegen deutsche Handelsstörer, waren sie recht gut konstruierte Schiffe, hingegen für den Kampf mit den italienischen und deutschen schnellen Schlachtschiffen weniger geeignet. Bei Kriegsausbruch beteiligten sich beide an der Jagd nach der Admiral Graf Spee und Deutschland, 1940 verlegten sie ins Mittelmeer, und als die Briten im Juli die Übergabe der Flotte in Mers-el-Kebir forderten, lagen sie dort. Die Strasbourg konnte die britische Blockade durchbrechen und entkam nach Toulon, die Dunkerque wurde gleich zu Anfang der Beschießung durch einen 38,1 cm-Treffer in der Maschinenanlage lahmgelegt. Bei späteren Luftangriffen durch Flugzeuge der Ark Royal wurde sie nochmals beschädigt: ein Torpedo traf ein längsseits liegendes Motorboot und brachte Wasserbomben zur Detonation. Im Februar 1942 gelang schließlich der Durchbruch nach Toulon. Dort wurden beide Einheiten im November 1942 selbstversenkt.

Die Dunkerque nach Fertigstellung. Das auf dem Heck befindliche Flugzeug ist vom Typ »Loire 130«, zwei davon konnten im Hangar mitgeführt werden.

Richelieu-Klasse

Namen: Richelieu, Jean Bart, Clémenceau
Kiellegung: 1935/39
Fertigstellung: 1940/55
Verdrängung: 35.000 ts Standard, 44.000 ts Einsatz
Abmessungen: Länge über alles 247,9 m, Breite 33 m, Tiefgang 9,60 m
Maschinenanlage: Parsons-Getriebeturbinen, 6 Indret-Sural-Kessel, 150.000 WPS, 4 Wellen, 30 kn
Panzerung: Gürtelpanzer 345-250 mm, Decks 170-150 mm und 40 mm, Barbetten 405 mm, Türme 430-195 mm, Kommandoturm 340-170 mm
Bewaffnung: 8x38 cm, 9x15,2 cm, 12x10 cm-Flak, 8 x3,7 cm-Flak, 16x13,2 mm-Flak
Besatzung: 1.550

Entwicklungsgeschichte: Der Bau von zwei italienischen Schlachtschiffen mit 38,1 cm-Geschützen veranlaßte Frankreich, gleiches zu tun. Die Entwurfsarbeiten begannen 1934 und sahen eine Hauptarmierung mit 12x34 cm- oder 35 cm-Geschützen in Vierlingstürmen vor. Schließlich gab man aber einer SA von 8x38,1 cm-Geschützen den Vorzug. Vom Entwurf her war die Richelieu eine vergrößerte Dunkerque. Auch die Aufbauten waren ähnlich, allerdings erhob sich der Einzelschornstein als eine kompakte Masse hinter der Turmmastbrückenstruktur. Die Anordnung der MA — ur-

Oben: Die Richelieu 1945, aufgenommen von HMS Anson im Verband der britischen Fernostflotte.

sprünglich waren fünf 15,2 cm-Drillingstürme geplant — und Hangars für drei Flugzeuge mit den zugehörigen zwei Katapulten erfolgte auf dem Achterschiff. Das Gesamtgewicht der ebenfalls identischen Panzeranordnung und -dicke betrug 16.400 t, praktisch 37% der Verdrängung.

Unten: Die Richelieu Anfang 1943, einlaufend in New York. Während der Generalüberholung erhielt sie neue Flak.

Oben: Die Richelieu 1942 in Dakar.

Das Verhältnis entsprach dem der Dunkerque. Die Panzerung sollte 38,1 cm-Geschossen widerstehen. Während des Baues wurden zahlreiche Änderungen vorgenommen: der Schornstein wurde mit dem achteren Feuerleitstand kombiniert, die Rauchgase durch schrägstehende Rohre abgeleitet. Dadurch blieb der Feuerleitstand frei von Rauchgasen und ermöglichte bessere Sicht. Es war keine Höhersetzung erforderlich. Auf die Mittschiffs-15,2 cm-Türme der MA verzichtete man und stellte dafür zusätzliche Flak auf. 12x10 cm-Geschütze wurden mittschiffs in dichten Gruppen postiert. Hinzu kamen acht 3,7 cm-Lafetten. Im Vergleich mit ausländischem Standard war die

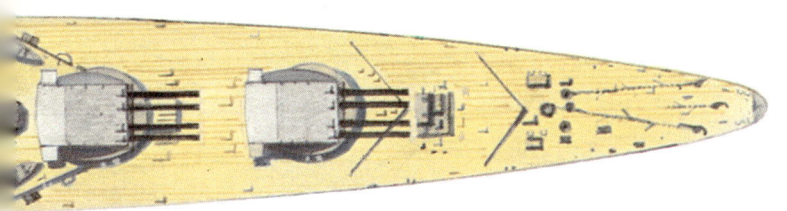

Unten: Bei der ersten Fertigstellung hatte die Richelieu auf dem Achterschiff eine Flugzeugausrüstung. Das Flugzeug ist vom Typ »Loire 130«.

Flakausrüstung schwach, im Verlauf des Krieges und danach erfolgten daher hier die meisten Änderungen.

Als Frankreich im Juni 1940 kapitulierte, stand die Richelieu vor ihrer Fertigstellung. Sie entkam nach Dakar. Die im März vom Stapel gelaufene Jean Bart gelangte von St. Nazaire nach Casablanca. Im Juli 1940 wurde die Richelieu am Heck von einem Torpedo eines der vom Flugzeugträger Hermes gestarteten Flugzeuge getroffen. Sie sank in flachem Gewässer. Im September wurde sie erneut attackiert und lieferte sich mit der britischen Resolution ein Feuergefecht. Schließlich stieß sie zu den freifranzösischen

Links: Die gewaltigen nach Steuerbord gedrehten Vierlingstürme der Richelieu während ihres Einsatzes bei der Fernostflotte. Die 40 mm-Flak kam in den USA an Bord.

Unten: Die 38 cm-Geschütze der Richelieu, hier im Jahre 1947. Die Rohre konnten immer nur paarweise betätigt werden.

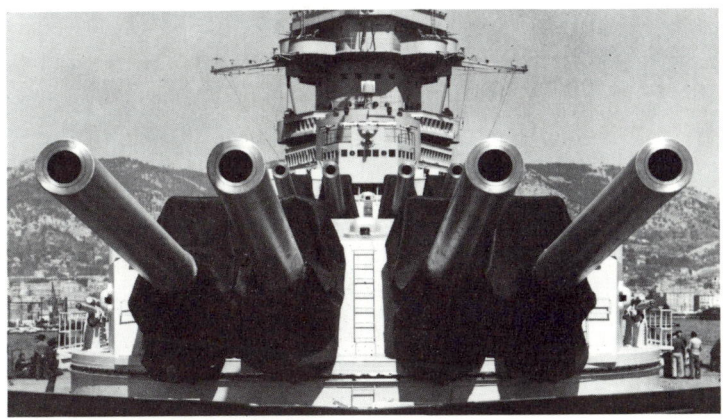

Streitkräften und wurde von Februar bis August 1943 in der Marinewerft New York einer Grundüberholung unterzogen. Die Flugzeugkatapulte kamen von Bord, die Flak wurde verstärkt und bestand nun aus 14x40 mm-Vierlingen und 14 später 20x20 mm-Kanonen. Anschließend gehörte sie zur britischen Fernostflotte. Bei Kriegsende verblieb sie in Indochina, kehrte 1946 nach Cherbourg zurück und wurde zehn Jahre später in die Reserve überführt.

Die Jean Bart war bei dem amerikanischen Angriff im November 1942 nicht fertig. Noch immer fehlten zahlreiche Geschütze und die Feuerleitanlagen. Sie erhielt acht 40,6 cm-Treffer vom US-Schlachtschiff Massachusetts und geriet in Brand, blieb in Casablanca und kam erst nach Kriegsende nach Brest zurück, wo ihre Fertigstellung erfolgte. Fehlende Geldmittel zögerten diese immer wieder hinaus, so daß sie erst 1952 komplettiert war. Ihre total neue Flakausrüstung bestand nun aus 24x10 cm- und 28x5,7 cm-Geschützen. 1956 war sie am Suez-Unternehmen beteiligt, 1961 erfolgte die Außerdienststellung. Das dritte Schiff, die Clémenceau wurde im Januar 1939 auf Stapel gelegt. Bei der französischen Kapitulation war ihr Bauzustand noch nicht weit gediehen, alle Arbeiten wurden im Anschluß eingestellt.

Rechts: Nach dem Zweiten Weltkrieg diente die Richelieu als Schulschiff. Sichtbar die Drillingstürme der MA.

Unten: Die Richelieu 1953, seit dem Kriegsende kaum verändert. Die 20 mm-Flak war nicht mehr an Bord, die 40 mm-Flak war geblieben. Beachte die britischen Radargeräte.

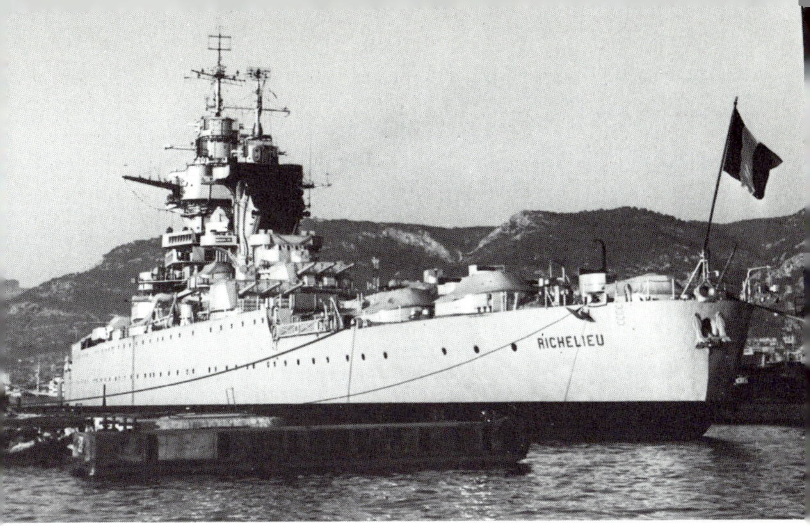
RICHELIEU

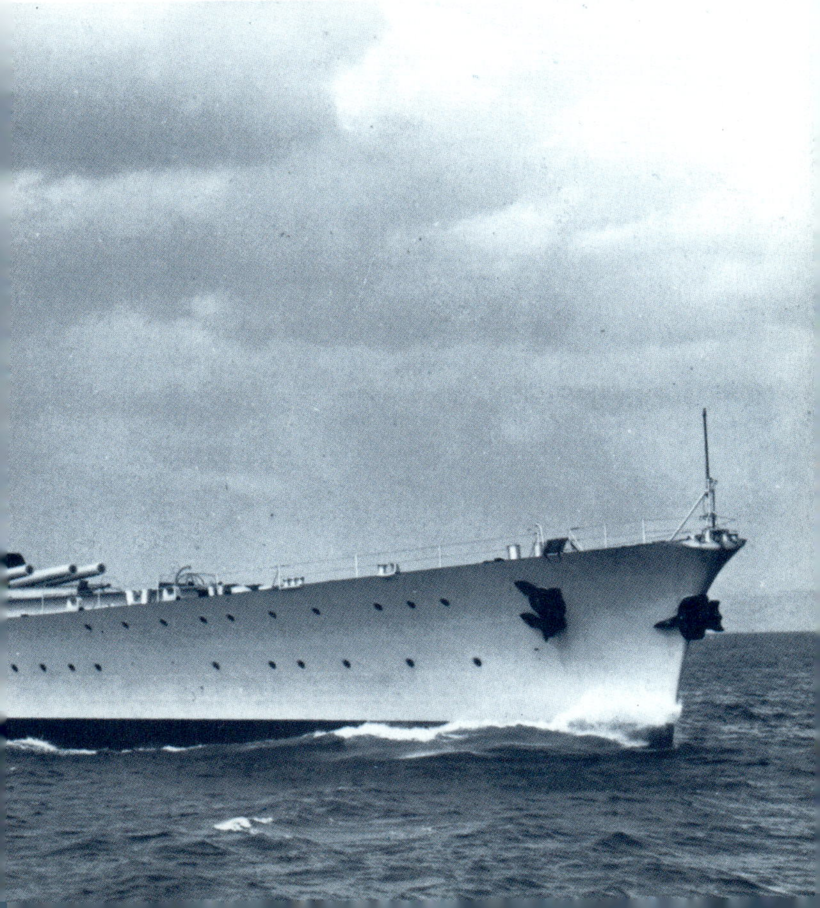

Deutschland-Klasse

Namen: Deutschland, Admiral Scheer, Admiral Graf Spee
Kiellegung: 1929/32
Fertigstellung: 1933/36
Verdrängung: 11.700-12.100 ts Standard, 15.900-16.200 ts Einsatz
Abmessungen: Länge über alles 186 m, Breite 20,6-21,6 m, Tiefgang 7,2-7,4 m
Maschinenanlage: 8 MAN-Dieselmotoren, 54.000 PSe, 2 Wellen, 28 kn
Panzerung: Gürtelpanzer 60-50 mm (Admiral Graf Spee 80-60 mm), Deck 45-40 mm, Barbetten 100 mm, Türme 140-85 mm, Kommandoturm 150-50 mm
Bewaffnung: 6x28 cm, 8x15 cm, 6x8,8 cm, später 10,5 cm-Flak, 8x3,7 cm-Flak, 8x53,3 cm-TR
Besatzung: 1.000-1.150

Entwicklungsgeschichte: Der Entwurf dieser Klasse war ohne Zweifel der bemerkenswerteste und zugleich umstrittenste der Nachkriegszeit. Deutschland war gemäß der Bedingungen des Versailler Vertrages nicht erlaubt, Schiffe mit mehr als 10.000 ts Verdrängung zu bauen. Da es hinsichtlich der Hauptbewaffnung keine besonderen Auflagen gab, entschieden sich die Konstrukteure zum Bau eines Schiffes, das jedem

Oben: Die Admiral Graf Spee war schwerer gepanzert als ihre Schwesterschiffe. Der Turmmast ähnelte dem der Admiral Scheer und unterschied sich durch die längere Stenge. Sie ging verloren, bevor Umbauten durchgeführt werden konnten.

Oben: Die Admiral Graf Spee, aufgenommen kurz vor Kriegsausbruch.

Schweren Kreuzer waffenmäßig überlegen und schneller als jedes Schlachtschiff war. Die 28 cm-Geschütze standen vorne und achtern in Drillingstürmen, die acht 15 cm-Geschütze an beiden Seiten. Hinzu kam dem damaligen Entwicklungsstand entsprechende Flak. Für den Handelskrieg wurden Oberdecks-Torpedorohrsätze aufgestellt. Es gab ein Katapult und zwei Bordflugzeuge.

Die Panzerung entsprach dem Kreuzerstandard und schützte gegen 20,3 cm-Treffer. Aufgrund der Tonnagebegrenzungen hatten die beiden ersten Einheiten kein über die ganze Schiffsbreite reichendes Panzerdeck; es ruhte auf den Torpedoschotts. Die Ad-

Admiral Graf Spee: während ihres Handelskriegs-einsatzes im Südatlantik. Die »Arado Ar·196« erwies sich für Aufklärungszwecke als recht nützlich.

miral Graf Spee war etwas größer, und das erlaubte die Ausdehnung des Panzerdecks bis zum Gürtelpanzer, der außerdem dicker und breiter war als auf den Schwesterschiffen. Beim Bau wurde weitgehend auf die elektrische Schweißung zurückgegriffen. Das brachte alleine beim Schiffskörper eine Gewichtsersparnis von 15%.

Mit dem Dieselmotorenantrieb war die Deutschland-Klasse unter den Großkampfschiffen der Welt einmalig. Die Entwicklung von Dieselmotoren dieser Art und Größe stand zu dieser Zeit noch in ihren Anfängen, daher waren die eingebauten Motoren schwer und benötigten insbesondere in der Höhe viel Platz. Sie waren störanfällig, verliehen den Schiffen jedoch einen großen Aktionsradius und waren daher für den Handelskrieg vorzüglich geeignet.

Im August 1939 befanden sich die Deutschland und Admiral Graf Spee auf Warteposition im Atlantik. Kurz nach Kriegsausbruch begann der Handelskrieg. Die Deutschland versenkte zwei Handelsschiffe und machte eine Prise. Dann kehrte sie in die Heimat zurück. Die Admiral Graf Spee war erfolgreicher, versenkte im Südatlantik und im Indischen Ozean neun Schiffe mit 50.089 BRT, wurde dann aber von den britischen Kreuzern Exeter, Achilles und Ajax gestellt und erhielt bei dem Gefecht in der La Pla-

Links: Die Deutschland im Kielwasser der Admiral Graf Spee. Erstere hatte schon 1939 einige Änderungen erfahren: einen flachen Schornsteinaufsatz, einen neuen Großmast mit Antennenspreizen und Panzerhauben über den Torpedorohren.

Unten: Die Admiral Graf Spee nach der Selbstversenkung vor Montevideo im Dezember 1939. Von den Kreuzern Essex, Ajax und Achilles beschädigt, lief sie das neutrale Uruguay für beabsichtigte Reparaturen an. Gerüchte, auf See würden überlegene britische Kräfte auf den Ausbruch warten, veranlaßten schließlich die Selbstzerstörung.

ta-Mündung mehrere Treffer. Sie lief in Montevideo ein, wurde dann aber selbstversenkt.

Im November 1939 wurde die Deutschland umbenannt in Lützow und im Februar 1940 klassifizierte man die Panzerschiffe um in Schwere Kreuzer. Im April 1940 nahm die Lützow an der Besetzung Norwegens teil, hatte im Oslo-Fjord ein Gefecht mit norwegischen Küstenbatterien und erhielt dabei drei 28 cm-Treffer. Auf der Rückfahrt nach Deutschland traf sie ein Torpedo des britischen U-Bootes Spearfish. Bis Januar 1941 lag sie in der Werft, erhielt im Juli 1941 beim Ausbruchversuch in den Atlantik einen weiteren Torpedotreffer und lag bis Januar 1942 erneut in der Werft.

Die Admiral Scheer befand sich bei Kriegsausbruch in der Werft. Erst im September 1940 stand sie wieder zur Verfügung. Im Oktober gelang ihr der Durchbruch in den Atlantik, wo sie beim Angriff auf den Geleitzug HX 84 den Hilfskreuzer Jervis Bay und sechs Handelsschiffe versenkte. Im April 1941 kehrte sie mit einem Gesamterfolg von 17 versenkten Handelsschiffen mit 113.233 BRT zurück. Ein im November 1941 geplanter gemeinsamer Ausbruch in den Atlantik mit dem neuen Schlachtschiff Tirpitz unterblieb. Dafür verlegte sie im Februar 1942 nach Trondheim und im Mai — gemeinsam mit der Lützow — weiter nach Narvik. Hier bildeten beide eine stete Bedrohung für die Murmansk-Geleite.

Im Juli nahmen beide an dem Unternehmen gegen die Geleite PQ 17 und QP 13 (Rösselsprung) teil, das jedoch abgebrochen wurde, da außer Lützow auch drei Zerstörer Grundberührung hatten. Ab November 1942 lag die Admiral Scheer in Deutschland in der Werft. Die Lützow war im Dezember an der Operation gegen das Geleit JW 51 B bei der Bäreninsel beteiligt, die als Desaster endete. Der enttäuschte Hitler sah nunmehr die schweren Überseeschiffe als überflüssig an und befahl ihre Stillegung. Das geschah 1943. Bereits 1944 wurden die Lützow und Admiral Scheer wieder reaktiviert und griffen aktiv in die schweren Abwehrkämpfe des Heeres gegen die anstürmenden Sowjets ein.

Im April 1945 wurde die Lützow in Swinemünde von britischen 5,4 t-Bombennahtreffern so schwer getroffen, daß sie auf Grund sank. Ihre Geschütze griffen noch als stationäre Batterie in die Landkämpfe ein. Im selben Monat kenterte die Admiral Scheer in der Werft in Kiel nach fünf Bombentreffern.

Beide Schiffe wurden im Verlauf des Krieges mehrfach verändert: die Schornsteine erhielten Schrägkappen, das Vorschiff einen neuen Bug und einen Deckssprung. Die Lützow erhielt als zusätzliche Flak 6x40 mm und 26x20 mm; die Admiral Scheer 6x40 mm und 24x20 mm.

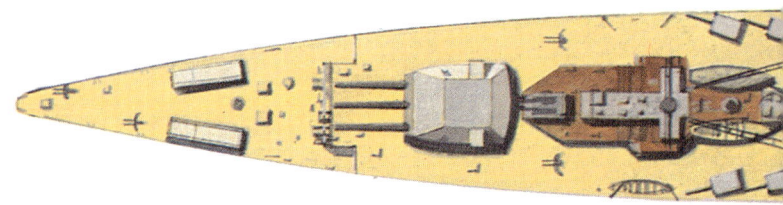

Oben: Decksplan der Lützow, Aussehen 1942. Sie hatte jetzt zahlreiche zusätzliche 20 mm-Flak erhalten. Beachte die 15 cm-MA.

Oben: Die Lützow ex Deutschland im Schutz eines Netzkastens in einem norwegischen Fjord. Von Mai 1942 an lag sie mit der Admiral Scheer in Narvik, bereit zum Ansatz auf Murmansk-Geleite. Nach dem Desaster gegen das Geleit JW 51 bei der Bäreninsel wurden beide aus dem aktiven Dienst genommen.

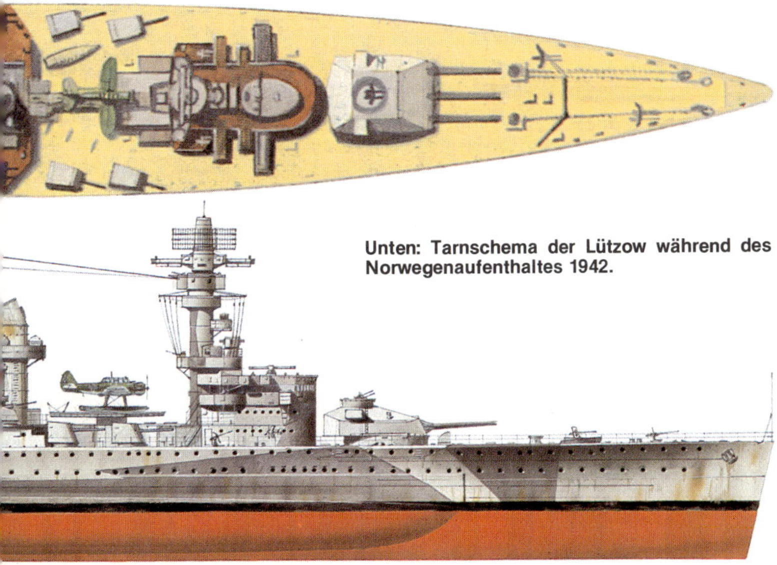

Unten: Tarnschema der Lützow während des
Norwegenaufenthaltes 1942.

Scharnhorst-Klasse

Namen: Scharnhorst, Gneisenau
Kiellegung: 1935
Fertigstellung: 1938/39
Verdrängung: 31.850 ts Standard, 38.900 ts Einsatz
Abmessungen: Länge über alles 234,9 m, Breite 30 m, Tiefgang 9,9 m
Maschinenanlage: BBC-/Germania-Getriebeturbinen, 12 Wagner-Kessel, 160.000 WPS, 3 Wellen, 31,5 kn
Panzerung: Gürtelpanzer 350-200 mm, Decks 50 mm und 50 mm, Barbetten 350-200 mm, Türme 360-150 mm, Kommandoturm 350-100 mm
Bewaffnung: 9x28 cm, 12x15 cm, 10,5 cm-Flak, 16x3,7 cm-Flak, 10x20 mm-Flak
Besatzung: 1.840

Entwicklungsgeschichte: Mit dem Bau der beiden französischen schnellen Schlacht-schiffe der Dunkerque-Klasse wurde die Theorie, die Grundlage für den Bau der Deutschland-Klasse war, in Frage gestellt. Daher wurden die beiden geplanten Einhei-ten dieser Klasse annulliert und ein neuer Entwurf getätigt. Das Ergebnis war die Scharnhorst-Klasse. Sie war sowohl in der Panzerung als auch an Schnelligkeit den Franzosen überlegen. Die Armierung mit einer entsprechenden SA führte jedoch zu lebhaften Debatten. Einige Marineoffiziere neigten zum Kaliber 35,6 cm oder 38 cm, das sie gegenüber dem französischen Kaliber von 33 cm für erforderlich hielten, ande-re hingegen sahen das Kaliber 28 cm wegen seiner hohen Feuergeschwindigkeit als ausreichend an. Schließlich entschied man sich — auch aus politischen Gründen — für das Kaliber 28 cm, denn man wollte eine Verärgerung der Briten vermeiden, mit de-nen man gerade wegen eines Flottenabkommens verhandelte. Beim Bau wurde ein neuentwickelter Panzerstahl verwendet. Er war elektrisch schweißbar. Das Schiffs-schutzsystem basierte auf dem der Großen Kreuzer Mackensen und Ersatz Yorck des Ersten Weltkrieges mit zerspringendem Panzermaterial an Oberdeck und an den obe-

Oben: Die Gneisenau im Frühjahr 1938 während der Probefahrten. Bei Fertigstellung hatten sie und Scharnhorst gerade Vorsteven. Aufgrund von See-Erprobungen erhielten sie dann einen Klipperbug. Trotzdem war Turm A weiterhin der überkommenden See ausgesetzt.

ren Seiten und einem tiefer gelegenen Panzerdeck, das die wichtigen Innenräume schützte. Der Anteil der Panzerung am Gewicht der Verdrängung belief sich auf rund 40%.

Auf die eigentlich geplanten Dieselmotoren verzichtete man, denn die geforderte Höchstgeschwindigkeit von 32 kn benötigte eine sehr hohe Wellenleistung, die nur mit einer Hochdruck-Heißdampfanlage zu erreichen war. Außerdem war sie leichter und benötigte weniger Raum, dafür allerdings schwieriger zu handhaben.

Zur Armierung gehörte eine separate MA und Flak. Beide Waffen waren vergleichbaren ausländischen Systemen ebenbürtig. Torpedorohre kamen erst 1941 an Bord. Es

Unten: Gneisenau aus anderer Perspektive im Jahre 1938. Ursprünglich gab es zwei Katapulte, das achtere wurde 1940 entfernt.

Rechts: Scharnhorst erfuhr im Sommer 1939 ähnliche Änderungen: der Großmast wurde nach achtern versetzt und sie erhielt mittschiffs einen Hangar. Hier führt sie noch das achtere Katapult, ebenfalls 1940 ausgebaut.

Unten: Die vorderen Türme der Gneisenau, querab nach Backbord gedreht.

Links: Gneisenau Ende 1938 nach Anbau des Atlantikstevens und Aufsetzen der bekannten Schornsteinkappe. Sie unterschied sich von der Scharnhorst durch die Position des Großmastes: Gneisenau am Schornstein, Scharnhorst weiter achtern.

handelte sich um 53,3 cm-Dreierrohrsätze für den Handelskrieg. Auch die Nahbereichs-Flak wurde um 12 bis 24x20 mm verstärkt. Beide Einheiten hatten bei der Fertigstellung einen geraden Vorsteven. Nachdem man festgestellt hatte, daß sie in See viel Wasser übernahmen, erhielten sie 1938/39 einen Klipperbug. Das Problem wurde dadurch nicht gelöst. Die Hauptursache lag am zu niedrigen Freibord, der Turm A litt weiterhin unter überkommendem Wasser. Zu dieser Zeit erhielten sie auch eine Schornsteinschrägkappe, und auf der Scharnhorst um den zuvor am Schornstein sitzende Großmast um 27 m nach achtern versetzt. Jede Einheit hatte ursprünglich zwei Katapulte, von denen das auf Turm C sitzende abgebaut wurde. Jeweils vier Flugzeuge konnten mitgeführt werden.

Im Gegensatz zur als Einzelgänger operierenden Deutschland-Klasse operierten diese beide Schiffe im Verband. Obwohl als Gegenpart zu Großkampfschiffen konzipiert, waren sie auch den alten britischen Schlachtschiffen gegenüber unterbewaffnet und wichen ihnen stets aus. Im November 1939 versenkten sie im Nordatlantik den Hilfskreuzer Rawalpindi und fuhren im April 1940 als Speerspitze mit beim Norwegenunternehmen. Hierbei kam es zu einer kurzen Gefechtsberührung mit dem Schlachtkreuzer Renown. Die Gneisenau erhielt drei 38,1 cm-Treffer, von denen einer die Feuerleitanlage der SA außer Betrieb setzte. Dank ihrer hohen Geschwindigkeit konnten sie sich vom Gegner lösen. Im Juni versenkten sie den Flugzeugträger Glorious mit Begleitzerstörern. Dabei erhielt die Scharnhorst einen Torpedotreffer von der Acasta und lief mit 2.500 t Wasser im Bauch Trondheim an. Kurz darauf wurde auch die Gneisenau von einem Torpedo des U-Bootes Clyde getroffen. Bis Ende 1940 lagen beide Einheiten in der Werft. Nach einem vergeblichen Durchbruchversuch in den Atlantik Ende 1940 gelang dieser im Januar 1941, und bis März 1941 versenkten sie insgesamt 22 Schiffe mit 115.000 BRT. Dann machten sie in Brest fest.

Hier waren sie in der folgenden Zeit laufenden Angriffen der Royal Air Force ausgesetzt: im April erhielt Gneisenau vier Bomben- und einen Torpedotreffer und die Scharnhorst mußte fünf Bombentreffer einstecken. Schließlich fiel die Entscheidung, beide nach Deutschland rückzuführen. Im Februar 1942 durchbrachen sie — gemeinsam mit dem Schweren Kreuzer Prinz Eugen — den Ärmelkanal. Vor der niederländischen Küste liefen dabei beide auf Minen. Die Gneisenau wurde danach in der Werft in Kiel durch Bomben ins Vorschiff schwer getroffen. Der Plan, sie umzubauen und auf drei 38 cm-Zwillingstürme umzurüsten, wurde nie realisiert. Die Scharnhorst verlegte im März 1943 nach Norwegen. Im Dezember unternahm sie einen Vorstoß gegen den Geleitzug JB 55 B und wurde dabei von Kreuzern und Zerstörern abgefangen. Am Nordkap wurde sie schließlich vom Schlachtschiff Duke of York gestellt und versenkt.

Unten: Auslaufen der Scharnhorst aus einem norwegischen Fjord. Voraus ist die Tirpitz zu sehen.

Oben: Die Gneisenau im Einsatz. Das Tarnschema läßt vermuten, daß die Aufnahme Ende 1940 oder Anfang 1941 entstand.

Unten: Die Scharnhorst während des Kanaldurchbruches.

DEUTSCHLAND

Bismarck-Klasse

Namen: Bismarck, Tirpitz
Kiellegung: 1936
Fertigstellung: 1940/41
Verdrängung: 41.700-42.900 ts Standard, 50.900-52.600 ts Einsatz
Abmessungen: Länge über alles 251 m, Breite 36 m, Tiefgang 10,2-10,6 m
Maschinenanlage: Blohm & Voß-/BBC-Getriebeturbinen, 12 Wagner-Kessel, 138.000 WPS, 3 Wellen, 29 kn
Panzerung: Gürtelpanzer 320-220 mm, Decks 50 mm und 80-120 mm, Barbetten 340-220 mm, Türme 360-180 mm, Kommandoturm 350-220 mm
Bewaffnung: 8x38 cm, 12x15 cm, 16x10,5 cm-Flak, 16x3,7 cm-Flak, 12x20 mm-Flak
Besatzung: 2.092-2.608

Entwicklungsgeschichte: Bismarck und Tirpitz waren die ersten und zugleich die letzten voll durchkonstruierten Schlachtschiffe, die Deutschland baute. Die Entwürfe gingen schon auf das Jahr 1932 zurück, die Entwicklungsarbeiten für ein neues 38 cm-Geschütz ins Jahr 1934. Die Bismarck wurde unmittelbar nach Unterzeichnung des deutsch-britischen Flottenabkommens 1935 in Auftrag gegeben, ein Jahr später die Tirpitz. Da Frankreich nach wie vor als der potentielle Gegner Deutschlands angesehen wurde, wiesen die Neubauten auch alle Charakteristika auf, die auf der französischen Richelieu-Klasse zu finden waren: SA mit acht 38 cm-Geschützen, MA aus 15 cm- bzw. 15,2 cm-Geschützen und Flak. Schwerer Panzer und eine maximale Höchstgeschwindigkeit von 30 kn.
Der Grundentwurf beider Klassen war allerdings sehr unterschiedlich. Der Schiffsschutz der Richelieu entsprach mehr den neuesten Erkenntnissen: Konzentration der SA in zwei vorne stehenden Vierlingstürmen, Turmbrückenkonstruktion und Panzerung nach dem »Alles oder Nichts«-System. Bei der Bismarck-Klasse hielt man am Altbewährten fest: Aufstellung der SA in je zwei Zwillingstürmen vorne und achtern, und das Schiffsschutzsystem orientierte sich in seinen Grundzügen am Entwurf der Bayern-Klasse des Jahres 1916. Allerdings hatte man die Seitenpanzerdicke etwas reduziert und dafür den Horizontalschutz vergrößert.
Im Gegensatz zu den Siegermächten des Ersten Weltkrieges hatten die Deutschen keine Möglichkeiten, mit alten Schlachtschiffen zu experimentieren, und folglich hielten sie an dem in der Skagerrakschlacht bewährten Schutzsystem fest. Seither hatten die Gefechtsentfernungen aber zugenommen, und obwohl die neuen deutschen Schlachtschiffe gegen Geschosse aus relativ kurzen Entfernungen gut gepanzert waren, waren sie im Vergleich zu ihren ausländischen Gegenspielern durch steil einfallende Geschosse verwundbar. Das Hauptpanzerdeck lag tiefer als auf vergleichbaren

Oben: Die Bismarck kurz nach Fertigstellung. Beachte die Ausbuchtung an der Oberkante des Gürtelpanzers. Die beiden großen Kräne dienten der Handhabung der Beiboote und Flugzeuge.

ausländischen Schiffen, folglich waren viele wichtige Abteilungen mit ihren Räumen vermehrt Geschossen, die das leichte obere Panzerdeck durchschlugen, ausgesetzt. Die Bismarck und Tirpitz hatten aufgrund ihrer guten Unterteilung eine hohe Standfestigkeit und waren nur schwer zum Sinken zu bringen. Ihre außergewöhnliche Breite bot genügend Raum für einen ausgedehnten Unterwasserschutz und machte sie zu beständigen Geschützplattformen. Wie bei der Scharnhorst-Klasse entschied man sich auch hier wegen der geforderten hohen Geschwindigkeit und damit verbundenen großen Wellenleistung für den Dampfturbinenantrieb und gegen Dieselmotoren. Anfängliche Überlegungen für einen turboelektrischen Antrieb wurden wegen der Gefährdung durch Treffer in den Kabeln der Kraftübertragung ebenfalls nicht weiter verfolgt. Es blieb beim Hochdruck-Heißdampf.

Vom ursprünglichen Aussehen her glich die Bismarck anfangs der Scharnhorst, dann

Unten: Die Bismarck im Jahre 1940. Noch nicht eingebaut die Feuerleitanlagen der SA und MA. Diese kamen dann auf den Kommandoturm und den Vormars und hinter den Großmast. Mittschiffs ein Beiboot im Davit.

kamen aber die ersten Änderungen: die Einrichtungen für die Bordflugzeuge wurden der britischen Praxis angeglichen und bestanden aus einem Katapult und vier bis sechs Flugzeugen. Der Schornstein erhielt eine Schrägkappe und während der Endausrüstung kam ein Atlantiksteven hinzu. Die Entwurfsverdrängung lag bei 35.000 ts und entsprach den Verträgen. Durch die während des Baues vorgenommenen Änderungen wuchs sie jedoch auf rund 42.000 ts Standard. Die Bismarck war knapp ein Jahr nach Fertigstellung einsatzbereit und durchbrach im Mai 1941 in Begleitung des Schweren Kreuzers Prinz Eugen die Dänemarkstraße zum Handelskrieg im Atlantik, ihre einzige und letzte Fahrt. Südlich der Dänemarkstraße kam es zu einem Gefecht mit dem Schlachtkreuzer Hood und dem neuen Schlachtschiff Prince of Wales. Die Hood wurde mit der fünften Salve versenkt, die Prince of Wales, ebenfalls mehrfach getroffen, zum Abdrehen gezwungen. Die Bismarck hatte drei 35,6 cm-Treffer erhalten und zog eine Ölspur. Sie nahm Kurs auf Brest, um sich mit der Scharnhorst und Gneisenau zu vereinigen. Die Briten jagten und suchten sie, und sie wäre schließlich auch entkommen, wenn sie nicht unglücklich von einem Torpedo eines der vom Flugzeugträger Ark Royal gestarteten Flugzeuge in der Ruderanlage getroffen worden wäre. Sie sank nach vielen schweren Treffern im konzentrischen Feuer der beiden Schlachtschiffe King George V. und Rodney.

Links: Bismarck läuft hohe Fahrt. Das niedrige Freibord führte immer wieder zum Überspülen des Vorschiffes.

Unten: Die Bismarck im Mai 1941 vor Anker im Korsfjord. Kurz danach brach sie durch in den Nordatlantik.

Rechts: Der Untergang der Bismarck am 27. Mai 1941. Nach einem Lufttorpedotreffer in der Ruderanlage klemmte dieses und sie wurde manövrierunfähig. Den Rest besorgten britische Schlachtschiffe. Sie hat nicht beweisen können, daß sie unsinkbar war.

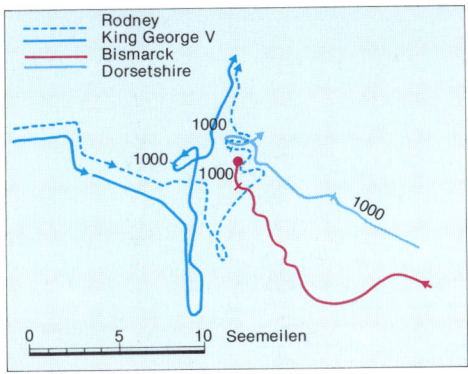

Rodney
King George V
Bismarck
Dorsetshire

1000
1000
1000
1000

0   5   10   Seemeilen

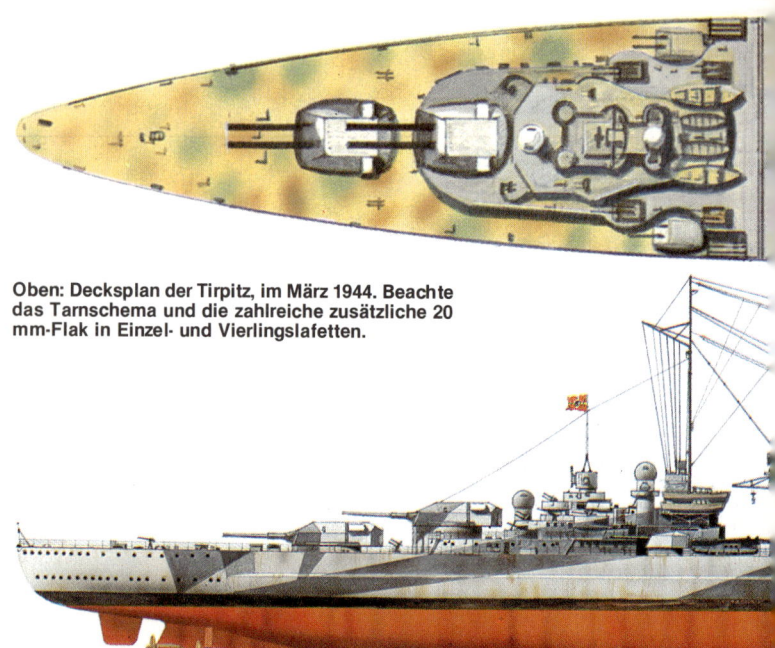

Oben: Decksplan der Tirpitz, im März 1944. Beachte das Tarnschema und die zahlreiche zusätzliche 20 mm-Flak in Einzel- und Vierlingslafetten.

Das Schicksal der Tirpitz verlief anders. Nach einem abgebrochenen Ausbruchsversuch in den Atlantik im November 1941, verlegte sie nach Norwegen, um gegen die Murmansk-Geleite eingesetzt zu werden. Im September 1943 wurde sie durch Sprengmittel britischer Kleinst-U-Boote schwer beschädigt. Im April 1944 waren die Reparaturen beendet, und sie wurde erneut durch 14 Bomben britischer Flugzeuge getroffen. Auch im Anschluß war sie ständigen Luftangriffen ausgesetzt. Im August trafen wieder zwei Bomben und im September ein 4,54-t-Bombennahtreffer, der ihre Seeverwendung beendete. Im Oktober 1944 nach Tromsö als Schwimmende Batterie verlegt, wurde sie im November von 36 »Lancaster«-Bombern der Royal Air Force angegriffen. Drei 5,44-t-Bomben und zahlreiche Nahtreffer brachten sie zum Kentern. Zu dieser Zeit hatte sich ihre Nahbereichs-Flak auf 40x20 mm-Vierlings- und Einzellafetten erhöht.

Rechts mitte: Tirpitz vor Anker in einem norwegischen Fjord. Um sie herum ein Netzkasten. Sie war eine ständige Bedrohung für die Murmansk-Geleite, wurde aber zum ständigen Objekt von Luftangriffen, die immer wieder schwere Schäden anrichteten.

Rechts: Die gekenterte Tirpitz nach dem letzten Angriff von »Lancastern« des 617. Geschwaders am 12. November 1944.

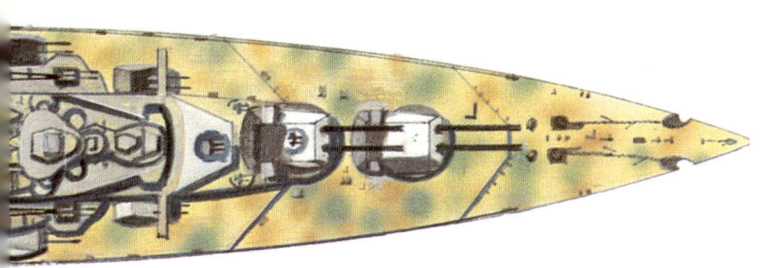

Unten: Tirpitz im März 1944. Nach den Beschädigungen durch britische Kleinst-U-Boote wurde sie zum Ziel britischer Marineflugzeuge und mit »Tallboys« ausgerüsteter Bomber der RAF.

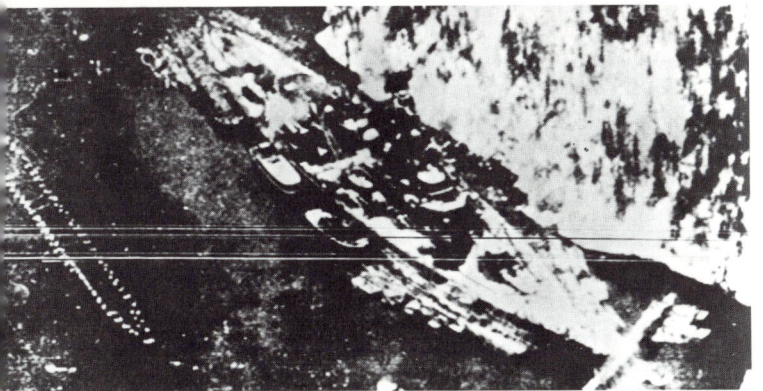

Royal Sovereign-Klasse

Namen: Revenge, Resolution, Ramillies, Royal Oak, Royal Sovereign
Kiellegung: 1913/14
Fertigstellung: 1916/17
Verdrängung: 29.150 ts Standard, 33.500 ts Einsatz
Abmessungen: Länge über alles 189,2 m, Breite 30,9-31,2 m, Tiefgang 9,90 m
Maschinenanlage: Parsonsturbinen ohne Getriebe, 18 Yarrow-/Babcock-Wilcox-Kessel, 40.000 WPS, 4 Wellen, 21-22 kn
Panzerung: Gürtelpanzer 330-100 mm, Decks 25 mm und 125-90 mm (Royal Oak), 25 mm und 30 mm und 50 mm (übrige), Barbetten 255-100 mm, Türme 330-115 mm, Kommandoturm 280 mm
Bewaffnung: 8x38,1 cm, 12x15,2 cm, 8x10,2 cm-Flak, 16x2 Pdr., 8x12,7 mm-Flak
Besatzung: 1.009

Oben: Erster Weltkrieg, Nordsee: Vorne die Royal Sovereign, gefolgt von Resolution und Revenge. Zu dieser Zeit waren sie die modernsten britischen Schlachtschiffe. Für einen Umbau erwiesen sie sich jedoch als zu schmal und zu langsam.

Oben: Die Resolution 1942 im Indischen Ozean. Zu dieser Zeit waren die Schiffe der R-Klasse das Rückgrat der Fernostflotte.

Entwicklungsgeschichte: Die fünf Einheiten der R-Klasse erfuhren in der Nachkriegszeit keine wesentlichen Veränderungen. Sie waren kleiner und langsamer als die Queen Elizabeth-Klasse, und daher beschränkten sich die Änderungen auf den Anbau von Torpedowulsten in den 20er Jahren und auf die Aufstellung moderner Flak in den 30er Jahren. Resolution und Royal Oak erhielten je ein Katapult und ein Flugzeug. Nach Kriegsausbruch verwendete man sie zunächst für zweitrangige Aufgaben, wie Wachdienst im Ärmelkanal und beim Geleit von Truppentransporten über den Atlantik. Die Royal Oak fiel in Scapa Flow zwei Torpedos von U 47 zum Opfer. Mit Kriegseintritt Italiens im Juni 1940 verlegten Ramillies und Royal Sovereign ins Mittelmeer. Die Resolution stieß in Gibraltar zur Kampfgruppe H und war an der Beschießung der französischen Flotte in Mers-el-Kebir und Dakar beteiligt. Dabei erhielt sie einen Torpedotreffer durch das U-Boot Beveziers. Als sie im April 1942 wieder einsatzbereit war, hatten die anderen Einheiten der Klasse in den Indischen Ozean verlegt und bildeten die neue Fernostflotte. Während des Einsatzes gegen Diego Suarez (Madagaskar) erhielt Ramillies einen Torpedotreffer durch ein japanisches Kleinst-U-Boot. Im September 1943 kehrte sie zur Fernostflotte zurück. Ende 1943 hatte sich die Seekriegslage zugunsten der Alliierten geändert und die vier Schiffe der R-Klasse kehrten in die Heimat zurück. Revenge und Resolution wurden Depotschiffe, die Ramillies stieß nach der Normandielandung hinzu. Die Royal Sovereign wurde im August 1944 leihweise den Sowjets überlassen und führte den Namen Archangelsk. 1948 kehrte sie zurück und wurde mit den anderen kurz darauf zum Abbruch verkauft.

Unten: Royal Sovereign, 1942 bei der Fernostflotte. zu dieser Zeit kamen 2-Pdr-Pom-Pom-Vierlinge auf den Turm X und das Achterdeck. 1943 wurden vier der 12x15,2 cm-Geschütze der MA ausgebaut.

Queen Elizabeth-Klasse

Namen: Queen Elizabeth, Warspite, Barham, Valiant, Malaya
Kiellegung: 1912/13
Fertigstellung: 1915/16
Umbau: 1934/37 (Warspite), 1937/41 (Valiant, Queen Elizabeth)
Verdrängung: 31.320-31.600 ts Standard, 35.380-36.500 ts Einsatz
Abmessungen: Länge über alles 196,3 m, Breite 27,6 m, Tiefgang 10,1-10,2 m
Maschinenanlage: Parsons-/Brown-Curtis-Turbinen ohne Getriebe, 24 Yarrow-/Babcock-Wilcox-Kessel (Barham, Malaya), Parsons-Getriebeturbinen, 6-8 Admiralitätskessel auf den umgebauten Einheiten, 75.000-80.000 WPS, 4 Wellen, 22,5-23,5 kn
Panzerung: Gürtelpanzer 330-100 m, Decks 125-90 mm, Barbetten 255-100 mm, Türme 330-110 mm, Kommandoturm 280 mm (auf Barham), 125 mm auf Malaya und 75-50 mm bei den übrigen
Bewaffnung: 8x38,1 cm, 12x15,2 cm (Barham, Malaya), 8x15,2 cm (Warspite), 20x11,4 cm-Mehrzweckkanonen (Valiant, Queen Elizabeth), 8x10,2 cm-Flak (übrige), 16-24-32x2 Pdr-Flak, 16x12,7 mm-Flak
Besatzung: 1.124

Entwicklungsgeschichte: Diese Schiffe waren die ersten schnellen und darüber hinaus wohl auch die am besten durchdachten und durchkonstruierten Großkampfschiffe der Welt, ein Grund dafür, ihnen in der Nachkriegszeit bei der Modernisierung den Vorzug zu geben. In den 20er Jahren erhielten sie Torpedowulste, und die Schornsteine wurden zu einem vereint. In den 30er Jahren wurde eine umfassende Modernisierung in Angriff genommen. Als erstes Schiff ging die Barham von 1931 bis 1934 in die Werft. Durch einen zusätzlichen 500 t schweren Deckspanzer erhöhte sich der maximale Panzerung über den Magazinen auf 125 mm. Sie erhielt einen Dreibeinmast und zwei Flak-Leitgeräte. Später kam moderne Flak hinzu, aber weitere Änderungen gab es nicht.

Die Malaya folgte von 1934 bis 1936. Die Modernisierungsmaßnahmen wurden allerdings nicht abgeschlossen, so daß sie sich mit der Hälfte von dem zufrieden geben mußte, was mit der Barham gemacht wurde. Über den Maschinenräumen erhielt sie einen zusätzlichen Panzerschutz, außerdem kamen ein Flugzeughangar und ein querstehendes Katapult zum Einbau. Hinzu kamen moderne Flak mit zugehörigen Leitgeräten. Weder sie noch die Barham erfuhren eine Änderung der Rohrerhöhung bei der SA, diese blieb bei maximal 20°. Bei den Zusammenstößen mit den neuen, aber auch

Rechts: Die Malaya 1934: kurz vor dem letzten Generalumbau. Die Kennzeichen der früheren Änderungen sind gut sichtbar: breiter Schornstein, Torpedowulste und Brücke. 1934/37 erhielt sie ein Katapult und zwei Hangars mittschiffs sowie eine neue Flak aus 10,2 cm-Doppellafetten und achtrohrige 2-Pdr-Pom-Pom. Hinzu kamen zwei Flak-Feuerleitgeräte.

Oben: Die Queen Elizabeth bei Fertigstellung 1915 mit zwei Schornsteinen und 20x15,2 cm-Geschützen.

Oben: Die Queen Elizabeth nach Umbau 1935 mit einem Schornstein und geänderter Brücke.

umgebauten italienischen Schlachtschiffen im Jahre 1940 wirkte sich das nachteilig aus. Auch mit ihrer 15,2 cm-MA waren sie der Vittorio Veneto-Klasse nicht gewachsen. Da sie auch keine neuen Maschinenanlagen erhalten hatten, lag ihre Geschwindigkeit nach wie vor nur bei 22 kn.

Als man Kenntnis von den in Europa entstehenden neuen Schlachtschiffen erhielt, entschloß man sich in den 30er Jahren, die übrigen drei Einheiten dieser Klasse umfassender umzubauen. Den Anfang machte die Warspite (1934/37).

Sie erhielt eine neue Maschinenanlage. Der dadurch gewonnene Raum und das eingesparte Gewicht wurden zur Verstärkung des Horizontalschutzes verwendet. Das Schiff erhielt eine neuartige Turmbrückenkonstruktion, die sich der Form nach an der Nelson-Klasse orientierte. Die Feuerleitanlagen wurden verbessert und es kamen Hangars und ein Querdeckkatapult für drei Flugzeuge an Bord. Die ursprünglichen 24

großrohrigen Yarrow-Kessel wurden durch sechs engrohrige Admiralitäts-Hochleistungskessel ersetzt, und es kamen leichtgewichtige Parsons-Turbinen zum Einbau. Der Schornstein erhielt Plattformen mit vier 2-Pdr-Pom-Pom und vier 15,2 cm-Geschütze der MA kamen von Bord. Die Rohrerhöhung der SA wurde auf 30° gesteigert, wodurch sich die Schußweite von 21.400 m auf 26.500 m vergrößerte.

Valiant und Queen Elizabeth wurden 1937/39 bzw. 1939/41 ähnlichen Umbauten unterzogen. Sie unterschieden sich allerdings von der Warspite durch die Anordnung ihrer Maschinenanlagen und durch die Bewaffnung. Die 15,2 cm-MA wurde komplett ausgebaut und durch zehn neue 11,4 cm-Doppellafetten ersetzt, und vier der neuesten Flak-Leitgeräte kamen paarweise vorne und achtern zur Aufstellung.

Bei Kriegsausbruch befanden sich Warspite, Malaya und Barham im Mittelmeer, die beiden anderen lagen noch in der Werft. Ende 1939 kehrten die Schiffe aus dem Mittelmeer zur Home Fleet zurück. Im Dezember wurde Barham in der Clyde-Mündung von einem Torpedo des U-Bootes U 30 getroffen. Die Warspite wurde beim Norwegenunternehmen eingesetzt und nahm am zweiten Narvik-Gefecht teil, bei dem sie einen Zerstörerverband bei der Versenkung der deutschen Zerstörer unterstützte und deckte. Im Mai 1940 traf sie im Mittelmeer ein und spielte dort im weiteren Kriegsverlauf eine wichtige Rolle. Im August 1940 wurde die Valiant ebenfalls der Mittelmeerflotte zugeteilt. Die Barham gehörte zu dieser Zeit zur Kampfgruppe H, die die Franzosen in

Unten: Die Warspite wurde als erstes Schiff der Klasse einem Generalumbau unterzogen. Das durch neue Kessel und Turbinen gewonnene Gewicht kam einer neuen Flakausrüstung und dem Horizontalschutz zugute.

Unten: Die Queen Elizabeth 1943 nach ihrem USA-Aufenthalt. Von da an trug sie zusätzliche 20 mm-Flak.

Mers-el-Kebir und Dakar beschoß. Ende 1940 tauschte sie mit der Malaya und nahm im März 1941 mit Warspite, Valiant und dem Flugzeugträger Formidable an der Schlacht bei Kap Matapan teil, in deren Verlauf drei Schwere Kreuzer und zwei Zerstörer der Italiener untergingen.

Im Mai 1941 wurde die Mittelmeerflotte durch den Zulauf der Queen Elizabeth verstärkt, deren Umbau endlich abgeschlossen war. Dies war zugleich die Zeit der größten Verluste. Die Warspite, Valiant und Barham wurden beim Kampf um Kreta durch Bomben beschädigt. Ende 1941 ging die Barham nach drei Torpedotreffern des U-Bootes U 331 verloren, und die Queen Elizabeth und Valiant wurden durch italienische Kleinkampfmittel schwer beschädigt.

Die Malaya verblieb das volle Jahr 1941 bei der Kampfgruppe H, ein Torpedotreffer wurde relativ schnell behoben. 1941/42 sicherte sie Geleite nach Malta und kehrte Anfang 1943 nach Großbritannien zurück. Dort erfolgte am Jahresende die Außendienst-

Oben: Die Valiant im Mai 1943 in Heimatgewässern, kurz darauf kehrte sie ins Mittelmeer zurück. Nach dem Umbau unterschied sie sich von der Queen Elizabeth durch den Pfahl (Groß-)mast und die 20 mm-Flak auf Turm A und Y.

stellung. Für die Invasion in der Normandie wurde sie nochmals reaktiviert. Nach einem kurzen Zwischenspiel bei der Fernostflotte ab Februar 1942 kehrte die Warspite 1943 ins Mittelmeer zurück und war an den Landungen in Sizilien und bei Salerno beteiligt. Vor Salerno im September von einer deutschen Gleitbombe schwer getroffen, war sie nur noch fahrbereit mit drei Wellen und nahm nach provisorischer Reparatur teil an der Landung in der Normandie. Auch die Valiant gehörte 1942 zur Fernostflotte und kehrte 1943 zur Landungsunterstützung ins Mittelmeer zurück. Im Januar 1944 verlegte sie mit der wiederhergestellten Queen Elizabeth in den Fernen Osten, wurde aber bei einem Dockunfall in Trincomalee erneut schwer beschädigt und fiel nunmehr ganz aus. Die Queen Elizabeth wurde bis Kriegsende im Fernen Osten zur Sicherung operierender Flugzeugträger eingesetzt.

Rechts: Die Queen Elizabeth nach der Grundüberholung in den USA, die aufgrund der Beschädigungen durch italienische Torpedoreiter im Dezember 1941 in Alexandria entstanden waren. Beachte die neue 20 mm-Doppellafetten auf Turm B.

Unten: Die Warspite beim Schießen der vorderen 38,1 cm-Türme. Während des Zweiten Weltkrieges war sie immer wieder für Küstenbeschießungen im Mittelmeer und Kanal eingesetzt. Trotz Minentreffer blieb sie vor der Normandieküste im Einsatz.

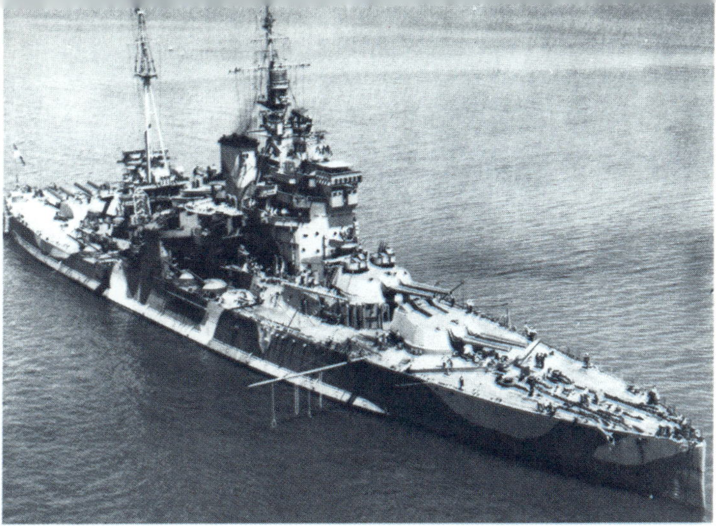

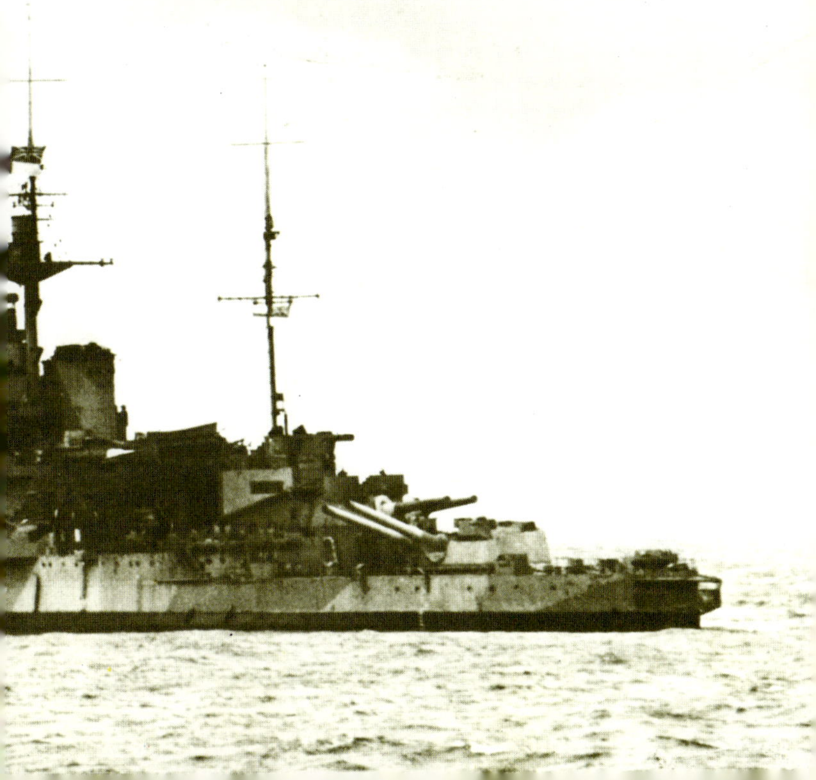

GROSSBRITANNIEN

Renown-Klasse

Namen: Renown, Repulse
Kiellegung: 1915
Fertigstellung: 1916
Umbau: 1936/39 (nur Renown)
Verdrängung: Renown 30.025 ts leer, 36.080 ts Einsatz, Repulse 32.130 ts leer, 38.300 ts Einsatz
Abmessungen: Länge über alles 242 m, Breite 30,8-31,2 m, Tiefgang 9,2-9,5 m
Maschinenanlage: Renown Parsons-Getriebeturbinen, 8 Admiralitäts-Kessel, 120.000 WPS, 4 Wellen, 29,5 kn, Repulse Brown-Curtis-Turbinen ohne Getriebe, 42 Babcock-Wilcox-Kessel, 112.000 WPS, 4 Wellen, 28,5 kn
Panzerung: Gürtelpanzer 230-75 mm, Deck 125-65 mm (Renown), 145-90 mm (Repulse), Barbetten 180-100 mm, Türme 280-110 mm
Bewaffnung: 6x38,1 cm, 20x11,4 cm-Mehrzweckgeschütze (Renown), 12x10,2 cm und 6x10,2 cm-Flak (Repulse), 16-24x2-Pdr-Flak, 16x12,7 mm-Flak, 8x53,3 cm-TR
Besatzung: 1.200-1.260

Entwicklungsgeschichte: Bei ihrer Fertigstellung im Jahre 1916 glichen sich beide im Aussehen. In der Nachkriegszeit wurde allerdings nur die Renown einem großen Umbau unterzogen, die Repulse erfuhr nur einige Standardänderungen. Beide Einheiten waren ursprünglich als leichte Schlachtkreuzer mit starker Armierung unter Vernachlässigung eines ebenso starken Panzerschutzes konzipiert worden. In den 20er Jahren verstärkte man bei beiden den Horizontal- und Vertikalschutz und stattete sie mit Wulsten aus. Die Repulse wurde 1933/36 umgebaut und erhielt mittschiffs einen zusätzlichen Deckspanzer, ein Querkatapult und vier Flugzeuge. Die Flakausrüstung wurde verändert, blieb aber bis zu ihrem Untergang Ende 1941 unter dem Standard der Zeit. Um 1939 war sie für ihre Größe zu überladen und lief nur noch 28 kn.

Die Renown wurde ab 1936 ähnlich der Warspite umgebaut. Die Modernisierung war umfassender als bei der Queen Elizabeth und Valiant, und 1939 sah man sie als zufriedenstellendste aller Umbauten an. Die ursprünglichen 42 Babcock-Wilcox-Kessel wurden durch acht Admiralitäts-Dreitrommel-Kessel ersetzt, und sie erhielt leichtgewichtige Turbinen. Trotz 2.800 t Gewichtseinsparung ging keine Leistung verloren, und die

Unten: Die Repulse in den 20er Jahren beim Schießen der vorderen Türme. Abgesehen von der schweren Armierung waren diese Schiffe extrem leicht gebaut und hatten eine schwache Panzerung.

Rechts: Die Repulse im April 1935. Bei einer Werftzeit 1933/36 erhielt sie zusätzlichen Horizontalschutz, ein Katapult und einen Doppelhangar sowie moderne Flak. Ein Totalumbau unterblieb, so daß sie bei Kriegsausbruch ihrem Schwesterschiff unterlegen war. Dank der hohen Geschwindigkeit war sie als Gegengewicht gegen die Deutschland-Klasse aber recht brauchbar.

Mitte: Die Repulse im Dezember 1941, kurz bevor sie und die Prince of Wales versenkt wurden.

Verminderung von sechs auf vier Kesselräume ermöglichte den Einbau zusätzlicher Magazine für die neue 11,4 cm-Flak, von der 20 Stück in halbversenkten Türmen zum Einbau kamen. Dazu gehörten vier Feuerleitgeräte. Die Rohrerhöhung der SA wuchs auf 30°, und die Decks und Barbetten erhielten einen zusätzlichen Panzerschutz. Mittschiffs kamen Hangars und ein Katapult. Die Gewichtsersparnis durch die neuen Maschinenanlagen und den Ausbau der vormaligen 10,2 cm-MA war so groß, daß die Renown nach Umbau 1.500 ts weniger verdrängte als zuvor.

Bei Kriegsausbruch bildeten beide gemeinsam mit der Hood das Schlachtkreuzergeschwader der Home Fleet. Anfangs an der Jagd nach deutschen Handelsstörern, wie der Deutschland und Admiral Graf Spee, beteiligt, wurden sie auch während des Norwegenfeldzuges eingesetzt. Im April 1940 hatte die Renown ein kurzes Gefecht mit der Scharnhorst und der Gneisenau. Obwohl Schlechtwetter herrschte, erzielte sie Treffer auf der Gneisenau. Die Deutschen entkamen dank ihrer überlegenen Geschwindigkeit. 1940 gehörte Renown zur Kampfgruppe H in Gibraltar und deckte 1941/42 laufend nach und von Malta gehende Geleite. Die Repulse verlegte in den Fernen Osten und bildete mit dem neuen Schlachtschiff Prince of Wales die unglückliche Kampfgruppe Z. Während eines Ansatzes gegen japanische Landungen in Malaya wurden beide Opfer landgestützter japanischer Flugzeuge. Die Repulse erhielt fünf Torpedos und einen Bombentreffer und kenterte. Auch die Renown verlegte 1944 in den Fernen Osten. Nach ihrer Rückkehr ins Mutterland im Jahre 1945 wurde sie für den Rest des Krieges in Reserve gelegt. Zu dieser Zeit hatte sich die Anzahl ihrer leichten Flak auf 28x2-Pdr. (3x8 und 1x4) und 64x20 mm (20x2 und 24x1) verstärkt.

Unten: Die Renown 1941. Die 11,4 cm-Flak stand in halbversenkten Türmen.

Hood

Kiellegung: 1916
Fertigstellung: 1920
Verdrängung: 42.750 ts leer, 48.650 ts Einsatz
Abmessungen: Länge über alles 262,8 m, Breite 31,8 m, Tiefgang 9,7 m
Maschinenanlage: Brown-Curtis-Getriebeturbinen, 24 Yarrow-Kessel, 144.000 WPS, 4 Wellen, 30 kn
Panzerung: Gürtelpanzer 305-125 mm, Deck 75-38 mm, Barbetten 305-75 mm, Türme 380-125 mm, Kommandoturm 280-75 mm
Bewaffnung: 8x38,1 cm, 12x14 cm, 8x10,2 cm-Mehrzweckkanonen, 24x2-Pdr-Flak, 16x12,7 mm-Flak, 4x53,3 cm-TR
Besatzung: 1.397

Unten: Die Hood kurz nach Fertigstellung. Sie war der letzte fertiggestellte Schlacht-kreuzer aller Marinen. Sein Wert wurde in den 30er Jahren durch das Erscheinen der schnellen Schlachtschiffe fragwürdig.

Oben: Die Hood nach Fertigstellung, eine Aufnahme von den Erprobungen. Bei Kriegsausbruch 1939 war sie noch immer das größte und schnellste Großkampfschiff der Welt.

Unten: Nach der Grundüberholung 1931/32 führte die Hood auf dem Achterdeck eine Versuchsausrüstung für Flugzeuge mit einem ausfahrbaren Katapult. Vor Kriegsausbruch kam alles von Bord.

Entwicklungsgeschichte: Der Originalentwurf des Schiffes stammte aus der Zeit der Skagerrakschlacht. Sie und ihre geplanten drei Schwesterschiffe waren die Antwort auf die deutschen Großen Kreuzer der Mackensen-Klasse, von denen man mutmaßte, dß sie 38 cm-Geschütze erhielten. Vom Ursprung her war die Hood eine Idee Fishers: Schwere Armierung, hohe Geschwindigkeit, aber relativ schwache Panzerung. Nach der Skagerrakschlacht wurden die Pläne schnell geändert, die Panzerstärken um 50% erhöht. Dadurch vergrößerte sich auch die Verdrängung um 5.000 ts, und das wiederum bedeutete eine um 2 kn geringere Geschwindigkeit. Die drei Schwesterschiffe wurden nicht gebaut. Als bekannt wurde, daß die Deutschen die Arbeiten an ihren geplanten Schiffen eingestellt hatten, wurden auch die Aufträge dieser Einheiten 1917 annulliert. Die Hood wurde 1920 fertiggestellt und galt dann für viele Jahre als der Welt größtes und schnellstes Großkampfschiff. Bei der Royal Navy genoß sie ein hohes Ansehen.

Die Hood litt auf der einen Seite darunter, daß sie zu schnell gebaut worden war; mit anderen Worten, man hatte die Erfahrungen aus dem Ersten Weltkrieg nicht voll auswerten können, und auf der anderen Seite kam sie nicht in den Genuß eines so umfassenden Umbaues wie die Queen Elizabeth und Renown. Zwar hatte sie ein sorgfältig angeordnetes inneres Schutzsystem, das von der Konstruktion her großkalibrige Geschosse vor Erreichen wichtiger Räumlichkeiten im Schiffsinnern zur Explosion bringen konnte, aber gegen steil einfallende Geschosse aus großer Entfernung war der Horizontalschutz nicht dick genug. Der vertikale Schutz war besser. Der als Böschung ausgebildete Seitenpanzer war 305 mm dick, und außerdem befand sich dort ein integrierter Torpedowulst mit hohlen, von jeweils 2,4 m langen Stahlröhren von 25 cm Durchmesser im äußeren Zerstörungsbereich. In den inneren Abteilungen des Wulstes wurde Heizöl gefahren. Hinzu kamen Längsschotte.

Die 14 cm-MA stand in offenen Schilden an Oberdeck und vorne und achtern auf dem Schutzdeck. Sie war zwar ungeschützt, konnte dafür aber auch bei schwerer See eingesetzt werden — eine Verbesserung gegenüber früheren Schiffen. Ab Dezember 1938 sollte die Hood ähnlich der Renown umgebaut werden. Dabei sollten auch die für die King George V.-Klasse vorgesehenen 13,3 cm-Geschütze eingebaut werden. Ein

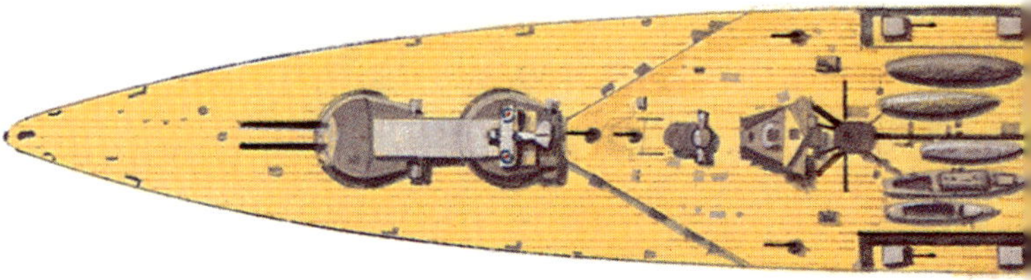

Oben: Ein Decksplan der Hood, Aussehen 1932. Beachte die Anordnung der nicht mehr in Kasematten stehenden 14 cm-MA.

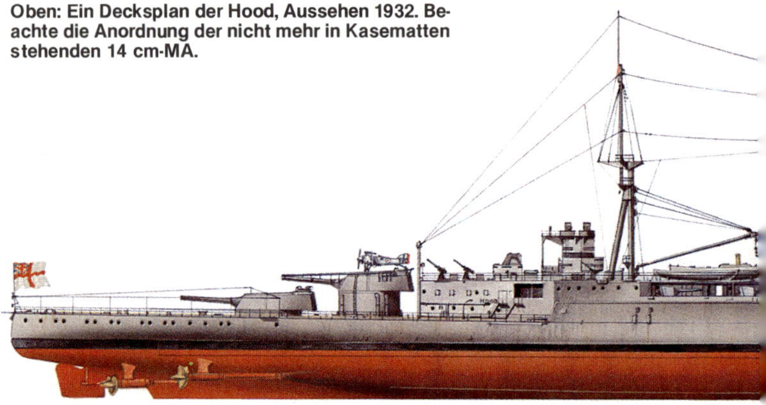

Oben: So sollte die Hood nach dem ab Dezember 1938 geplanten Totalumbau aussehen.

Unten: Das Schlachtkreuzergeschwader in Scapa Flow Ende 1938. Die Hood liegt in der Mitte, links die Renown.

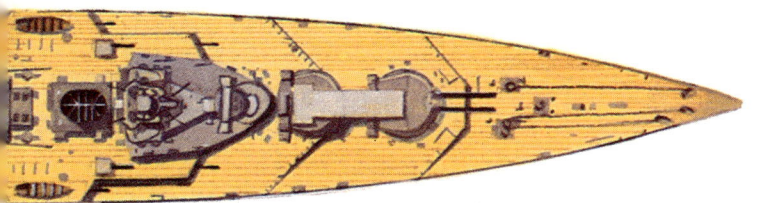

Maschinenwechsel war ebenfalls dringend notwendig. Der Umbau wurde wegen des Kriegsausbruchs annulliert. Im September 1939 war die Hood Flaggschiff des Schlachtkreuzergeschwaders der Home Fleet, ging im März 1940 für zwei Monate in die Werft, wo alle 10,2 cm-Geschütze von Bord kamen und durch drei 10,2 cm-Doppellafetten ersetzt wurden. Außerdem kamen fünf der neuen, aber wenig wirkungsvollen Raketenwerfer an Bord.

Ab Juni 1940 gehörte sie zur Kampfgruppe H und war Flaggschiff des Vizeadmirals Somerville. Sie beteiligte sich am Einsatz gegen Mers-el-Kebir und kehrte im September nach Rosyth zurück. Wieder der Home Fleet zugeteilt, wurde sie im Mai 1941, gemeinsam mit der Prince of Wales, gegen die Bismarck und Prinz Eugen angesetzt, die im Begriff waren, in den Atlantik durchzubrechen. Es kam zum Gefecht in der Dänemarkstraße, in dem sie einen Treffer von dem Kreuzer und fünf von der Bismarck erhielt. Die fünfte Salve drang anscheinend in die achteren Magazine durch; sie flog in die Luft. Nur drei Besatzungsangehörige überlebten.

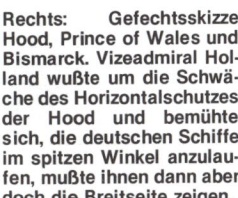

Rechts: Gefechtsskizze Hood, Prince of Wales und Bismarck. Vizeadmiral Holland wußte um die Schwäche des Horizontalschutzes der Hood und bemühte sich, die deutschen Schiffe im spitzen Winkel anzulaufen, mußte ihnen dann aber doch die Breitseite zeigen.

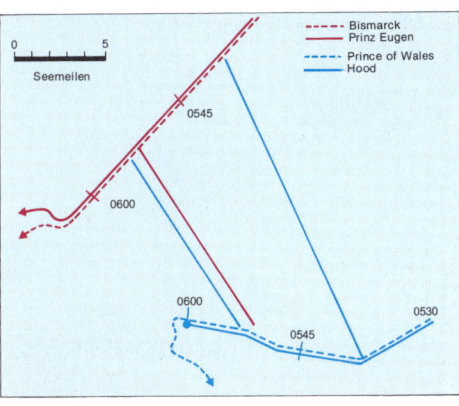

Nelson-Klasse

Namen: Nelson, Rodney
Kiellegung: 1922
Fertigstellung: 1927
Verdrängung: 36.000-37.000 ts Standard, 43.140-44.050 ts Einsatz
Abmessungen: Länge über alles 216,4 m, Breite 32,3 m, Tiefgang 10,2 m
Maschinenanlage: Brown-Curtis-Getriebeturbinen, 8 Admiralitätskessel, 45.000 WPS, 2 Wellen, 23 kn
Panzerung: Gürtelpanzer 355-330 mm, Deck 160-80 mm, Barbetten 380-305 mm, Türme 405-185 mm, Kommandoturm 355-165 mm
Bewaffnung: 9x40,6 cm, 12x15,2 cm, 6x4,7 cm-Flak, 16-24x2-Pdr-Flak, 8x12,7 mm-Flak, 2x62,2 cm-TR
Besatzung: 1.314

Entwicklungsgeschichte: Die Nelson-Klasse wurde aus einer Serie von Studien entwickelt, die zur Zeit der Verhandlungen in Washington Gegenstand von Diskussionen waren. Der Vertrag gestand Großbritannien den Bau von zwei Schlachtschiffen zu, die jedoch den Einschränkungen des Abkommens unterlagen: Verdrängung 35.000 ts Standard, Armierung 40,6 cm. Der endgültige Entwurf war dann die verkleinerte Version des an sich vorgesehenen Schlachtkreuzerentwurfs G 3: neun 40,6 cm-Geschütze in Drillingstürmen, die Panzerstärke dem Kaliber entsprechend, relativ geringe Geschwindigkeit. Der Schlachtkreuzer sollte mit einer Leistung von 131.000 WPS 31 kn bis 33 kn schnell sein, bei der Nelson-Klasse begnügte man sich mit 45.000 WPS und 23 kn.

Mit der Nelson-Klasse kamen einige neuartige Merkmale im Schlachtschiffbau auf: die drei Türme der SA waren vor der Brücke konzentriert. Das erlaubte eine kürzere Zitadelle. Darüber hinaus übernahm man das »Alles oder Nichts«-System der US-Navy beim Schiffsschutz, so daß die maximale Panzerdicke auf einen Gürtelpanzer und ein einziges, auf den Stoßkanten des Gürtels ruhendes Panzerdeck beschränkt werden konnte.

Die Nelson erhielt als erstes Schlachtschiff der Welt eine in Türmen stehende MA. Das garantierte den Einsatz unter allen Wetterbedingungen. Allerdings war ihre schwache 25 mm-Panzerung und die Aufstellung in engen Gruppen Gegenstand heftiger Kritik. Ein weiteres ursprüngliches Merkmal war die turmartige Brückenstruktur, die ähnlich von allen nachfolgenden britischen Großkampfschiffen übernommen wurde. Die Turbinen befanden sich vor den Kesselräumen und erlaubte die Aufstellung eines Einzelschornsteins.

Nicht alles zeigte sich zufriedenstellend. Die Drillingstürme bereiteten Schwierigkeiten, und trotz Änderungen lag die Schußfolge bei nur einem Schuß pro 45 Sekunden. Die beim Schießen auftretenden Gasdruckschäden waren bedenklich, daher begrenzte man den Schwenkbereich des Turms C.

Die wegen ihres niedrigen Gewichts gewählten Antriebsmaschinen wurden von fortwährenden Zusammenbrüchen heimgesucht.

Oben: Die Nelson feuert mit der SA, aufgenommen etwa 1942/43 bei der Landung in Nordafrika, Sizilien oder Italien.

Oben: Die Nelson feuert eine Breitseite. Die Anordnung der SA auf dem Vorschiff war einmalig bei einem Schiff mit drei Türmen, wurde dann von den Franzosen mit allerdings nur zwei ebenfalls übernommen.

Unten: Die Rodney im Jahre 1942. Zu dieser Zeit hatte sie zusätzlich zahlreiche 20 mm-Oerlikon-Einzellafetten und 2-Pdr-Pom-Pom erhalten.

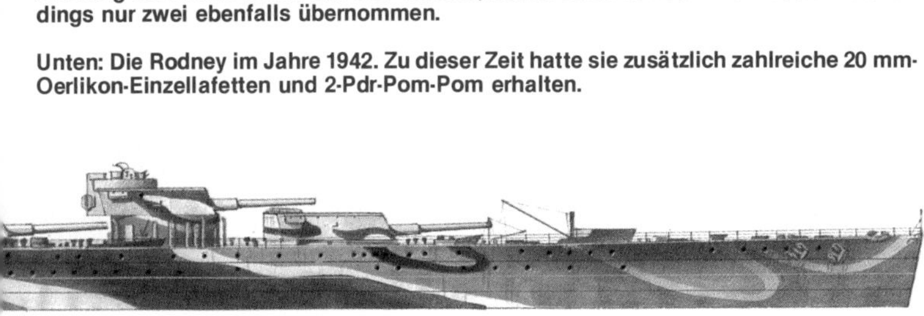

Bei Kriegsausbruch waren Nelson und Rodney das Rückgrat der Home Fleet. Im Dezember 1939 trug die Nelson einen schweren Minentreffer davon, und im April 1940 wurde die Rodney von einer 500 kg-Bombe getroffen. Mit Zulauf der neuen Schiffe der King George V.-Klasse wurden beide im atlantischen Geleitdienst eingesetzt. Während dieser Zeit war die Rodney am Endkampf gegen die Bismarck beteiligt. Im Juni stieß die Nelson zur Kampfgruppe H, wurde jedoch im September an einem Malta-Geleit bei Sardinien von einem Lufttorpedo getroffen und zur Reparatur von der Rodney abgelöst. 1943 gaben beide Feuerunterstützung bei den Landungen auf Sizilien und bei Salerno. Zu dieser Zeit hatte man ihre Nahbereichs-Flak spürbar verstärkt: die Rodney hatte 44x2-Pdr-Flak (5x8 und 1x4) und 66x20 mm-Flak (5x2 und 56x1); die Nelson hatte 48x2-Pdr-Flak (6x8) und 61x20 mm-Flak (61x1).

1944 beteiligten sich beide an der Invasion der Normandie. Im Juni lief die Nelson auf eine Mine. Nach Wiederherstellung in den USA gehörte sie bis Kriegsende zur Fernostflotte. In den USA hatte sie vier 40 mm-Flak erhalten. Der Allgemeinzustand der Rodney zeigte sich zu diesem Zeitpunkt als nicht weiter vertretbar. Im Dezember 1944 wurde sie in die Reserve überführt. Beide Einheiten wurden nach Kriegsende abgebrochen.

Im Vordergrund die Nelson, links dahinter die Rodney im Juli 1943 in Gibraltar während der Landung auf Sizilien. Nachdem die neuen Einheiten der King George V.-Klasse in Dienst gekommen waren, verlegten die Nelson und die Rodney ins westliche Mittelmeer.

King George V.-Klasse

Namen: King George V., Prince of Wales, Duke of York, Anson, Howe
Kiellegung: 1937
Fertigstellung: 1940/42
Verdrängung: 36.700 ts Standard, 42.080 ts Einsatz
Abmessungen: Länge über alles 227,1 m, Breite 31,4 m, Tiefgang 9,9 m
Maschinenanlage: Parsons-Getriebeturbinen, 8 Admiralitätskessel, 110.000 WPS, 4 Wellen, 28 kn
Panzerung: Gürtelpanzer 380-115 mm, Deck 150-125 mm, Barbetten 330-280 mm, Türme 325-150 mm, Kommandoturm 115-50 mm
Bewaffnung: 10x35,6 cm, 16x13,3 cm-Mehrzweckkanonen, 32-48x2-Pdr-Flak, 3-4 Raketenwerfer (nur auf King George V. und Prince of Wales)
Besatzung: 1.422

Entwicklungsgeschichte: Der Entwurf dieser Klasse war von Beginn an von politischen Erwägungen beeinflußt. Beim Londoner Flottenabkommen von 1930 hatten Großbritannien, Japan und die USA einem weiteren Fünfjahresaufschub beim Bau neuer Schlachtschiffe zugestimmt. Das bedeutete, daß Großbritannien mit dem Bau neuer Schlachtschiffe nicht vor Januar 1937 beginnen konnte. Andererseits hatten Frankreich und Italien (sie hatten dem Abkommen nicht zugestimmt) und auch Deutschland (mit dem ein separates Abkommen unterzeichnet worden war) damit begonnen, neue schnelle Schlachtschiffe zu bauen. Großbritannien hoffte nun auf eine neuerliche, für 1936 vorgesehene Konferenz, auf der unter anderem auch über ein Höchstkaliber der SA von 35,6 cm gesprochen werden sollte. Dafür verweigerten jedoch die USA und auch Japan ihre Zustimmung und legten Schiffe mit einem Kaliber von 40,6 cm und größer auf Stapel. Nun wollte auch Großbritannien nicht mehr länger warten, übernahmen doch sonst die europäischen Rivalen die Führung. Um im Jahre

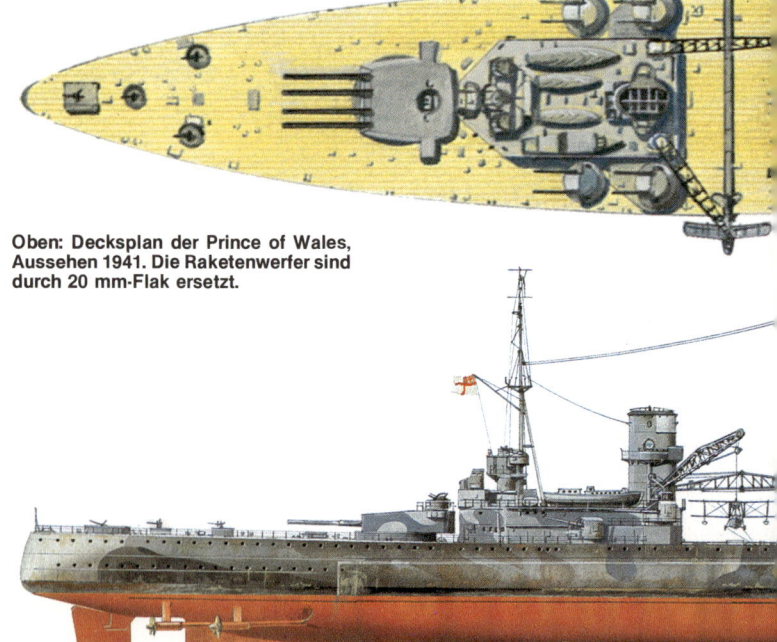

Oben: Decksplan der Prince of Wales, Aussehen 1941. Die Raketenwerfer sind durch 20 mm-Flak ersetzt.

Oben: Wahrscheinlich eine Aufnahme der Duke of York in schwerer See. Diese Schiffe trugen die ganze Last im Norden, um die Geleite gegen die in Norwegen liegenden deutschen Schlachtschiffe zu schützen. Die Duke of York versenkte die Scharnhorst.

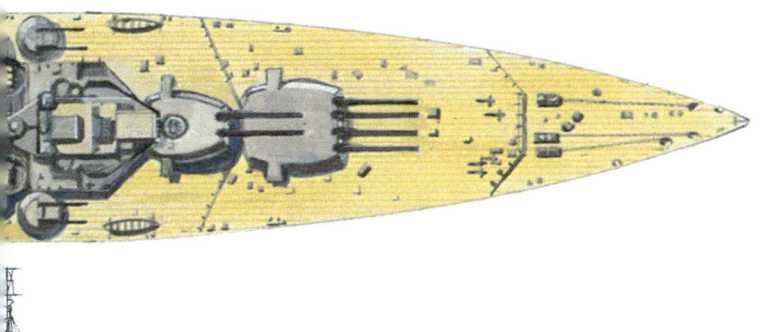

Unten: Die der Prince of Wales beim Einlaufen in Singapore im Dezember 1941. Der Tarnanstrich entspricht dem ersten Admiralitätsschema, das Flugzeug ist vom Typ »Supermarine Walrus I«.

1937 mit dem Bau beginnen zu können, mußten die Aufträge für die Geschütze rechtzeitig erteilt werden, und da man noch immer auf ein Übereinkommen hoffte, entschied man sich schließlich für das Kaliber 35,6 cm.
Die Entwurfsarbeiten begannen 1934; die Italiener legten in diesem Jahr bereits die Vittorio Veneto-Klasse auf Stapel. Vorrang hatte die SA, die entweder aus neun 40,6 cm-, neun 38,1 cm- oder 12x35,6 cm-Geschützen bestehen sollte. Die Panzerung sollte 40,6 cm-Geschossen widerstehen. Als Geschwindigkeit gab man 23 kn den Vorrang, denn man glaubte, diese wäre passend, um mit den älteren umgebauten Schiffen in einer homogenen Linie zu operieren. Die bekanntgewordenen hohen Geschwindigkeiten der italienischen und deutschen Schlachtschiffe zwang zum Umdenken und man änderte alles für 27 kn bis 28 kn. Da die Verdrängung bekanntlich auf 35.000 ts festgelegt war, konnte eine Leistungssteigerung nur durch Verzicht auf die geplante Rohrzahl der SA erzielt werden. Statt 12 waren es nun 10. Das wiederum hatte zur Folge, daß ein neuer Zwillingsturm entwickelt werden mußte, was zu Verzögerungen führte. Nach Auslaufen des Abkommens wurden innerhalb von sechs Monaten fünf Schiffe auf Stapel gelegt. In weniger als vier Jahren war das erste fertig.
Die 35,6 cm-MK VII-Geschütze verschossen 720 kg-Granaten mit nur geringer Mündungsgeschwindigkeit. Mit einer Rohrerhöhung von 40° schossen sie 32.900 m weit. Der Entwurf basierte auf dem 38,1 cm-Geschütz des Ersten Weltkrieges, abweichend davon war, daß sich die Magazine unter den Granaträumen befanden. Das komplizierte die Anordnung der Aufzüge, erlaubte aber dennoch eine Schußfolge von zwei Schuß pro Minute. Ihre Turmkonstruktion war so geändert, daß sie gegen Stichflammenwirkungen sicher war. Beim ersten Schiff, der Prince of Wales, kam es anfänglich zu zahlreichen Ausfällen der Geschütze. Das zeigte sich insbesondere beim Gefecht mit der Bismarck. Die Türme A und Y klemmten. Erst 1942 waren diese Mängel behoben.
Die King George V.-Klasse war einmalig unter den europäischen Schlachtschiffen: sie besaß eine aus acht 13,3 cm-Doppeltürmen bestehende Mehrzweck-MA mit separater Kraftversorgung, so daß sie auch bei Ausfall der Schiffsstromversorgungsanlage einsatzfähig blieb. Obwohl die Geschütze eine Rohrerhöhung von 70° hatten, waren sie allerdings nicht so wirkungsvoll, wie man erhofft hatte. In der Theorie sollten sie 10 bis 12 Schuß/Rohr/Minute feuern, tatsächlich waren es aber nur 7 bis 8 Schuß/Rohr/Minute.
Die Drehgeschwindigkeit lag bei nur 10° bis 11° pro Sekunde.
Ursprünglich waren nur 4x4 2-Pdr-Pom-Pom vorgesehen. Ihre Zahl wuchs bis Ende 1939 auf sechs. Wegen Lieferschwierigkeiten erhielten nur die beiden ersten Einheiten Raketenwerfer, die später durch 20 mm-Kanonen ersetzt wurden. 1945 führten alle verbliebenen Schiffe acht achtrohrige und sechs vierrohrige Pom-Pom (ausgenommen die King George V.), 8-26x40 mm-Bofors und 8-65x20 mm-Flak.

Links: Einlaufen der King George V. in der Chesapeake Bay 1941, kurz vor ihrem Einsatz gegen die Bismarck. Der Originalentwurf sah drei Vierlingstürme vor, zur Verbesserung des Schiffsschutzes änderte man das.

Unten: Turm A der Anson feuert. Der Tarnanstrich entspricht dem Admiralitätsschema.

Das Schema des »Alles oder Nichts«-Schutzes glich dem der Nelson-Klasse, hatte aber aufgrund von Tests in den 20er und 30er Jahren einige Änderungen erfahren. Für den Restauftrieb gab es eine größere Reserve, gegen steil einfallende Geschosse einen verbesserten Schutz und über der Zitadelle eine Reduzierung der ungepanzerten Bereiche. Auch die »weichen« Schiffsenden erhielten einen gewissen Schutz. Die Breite des Hauptgürtelpanzers betrug 7,5 m und konnte dem Vergleich mit allen ausländischen Konkurrenten standhalten. Es gab ein dickes Panzerdeck, und der Unterwasserschutz widerstand Torpedosprengköpfen mit 450 kg Ladung.

Die Anordnung der Maschinenanlage entsprach dem auf vergleichbaren britischen Kreuzern eingeführten System: zwei unabhängige Gruppen von Turbinen und Kessel, die im Schadensfall über Kreuz geschaltet werden konnten.

Mit Fertigstellung gehörten die Einheiten zunächst zur Home Fleet. Anson und Howe kamen erst Ende 1942 in Dienst, ihr Bau war im Mai 1940 wegen des dringenden Baues von Geleitfahrzeugen für drei bis sechs Monate stillgelegt worden. Während ihres Gefechts mit der Bismarck befanden sich noch zahlreiche Werftarbeiter an Bord der Prince of Wales. Sie erzielte zwar Treffer, mußte aber das Gefecht abbrechen. Die Duke of York fuhr zu der Zeit als Flaggschiff des Oberbefehlshabers der Home Fleet und spielte bei der Versenkung der Bismarck eine tragende Rolle. Nach kurzer Verwendung bei der Kampfgruppe H verlegte die Prince of Wales Ende 1941 in den Fer-

nen Osten und wurde Flaggschiff des dortigen unglücklichen Verbandes. Im Dezember fiel sie als erstes modernes Schlachtschiff Flugzeugangriffen zum Opfer. Sie erhielt fünf Bombentreffer, von denen der erste zu großen Wassereinbrüchen im Achterschiff führte und acht Generatoren stillegte. Diese Tatsache war später Grund von Änderungen auf der Vanguard. Ab 1942 liefen die ersten Artik-Geleite, zu deren Fernsicherung jeweils eine Einheit dieser Klasse gehörte. Man wollte damit von vornherein der Gefahr eines Angriffs der Tirpitz, Scharnhorst oder der beiden Schweren Kreuzer (ex Panzerschiffe) vorbeugen. Im Dezember 1943 versenkte die an einem Geleit stehende Duke of York die Scharnhorst. Der Erfolg basierte auf der schnellen Erzielung schwerer Treffer, bevor der Gegner wirkungsvoll antworten konnte.

Nachdem die Tirpitz durch Kleinst-U-Boote und Bomben gelähmt worden war, verlegten die King George V. und ihre Schwesterschiffe in den Fernen Osten. Hier fungierten sie als Flaggschiffe, Sicherung für Flugzeugträger und bei Küstenbeschießungen im Verband der neugebildeten britischen Pazifikflotte. Alle vier Einheiten wurden zwischen 1946 und 1950 außer Dienst gestellt.

Unten: Die Howe 1942. Nach Fertigstellung wurde sie sehr schnell in Dienst gestellt, um Murmansk-Geleite zu decken. Später verlegte sie ins Mittelmeer und in den Pazifik.

GROSSBRITANNIEN

Vanguard

Kiellegung: 1941
Fertigstellung: 1946
Verdrängung: 44.500 ts Standard, 51.420 ts Einsatz
Abmessungen: Länge über alles 248,2 m, Breite 32,9 m, Tiefgang 10,6 m
Maschinenanlage: Parsons-Getriebeturbinen, 8 Admiralitätskessel, 130.00 WPS, 4 Wellen, 30 kn
Panzerung: Gürtelpanzer 355-115 mm, Deck 150-125 mm, Barbetten 330-280 mm, Türme 330-180 mm, Kommandoturm 75-65 mm
Bewaffnung: 8x38,1 cm, 16x13,3 cm-Mehrzweckkanonen, 73x40 mm-Flak
Besatzung: 1.893

Entwicklungsgeschichte: Nachdem den Briten auf der Londoner Konferenz von 1936 die Zustimmung zum Höchstkaliber 35,6 cm verweigert worden war, wuchs deren Befürchung, daß man durch die gegenwärtigen ausländischen Großkampfschiffe überrundet wurde und schlug vor, eine verbesserte Ausgabe der King George V.-Klasse mit 9x40,6 cm-Geschützen zu bauen. Zwei dieser geplanten Klasse, Lion und Temeraire, wurden Mitte 1939 auf Stapel gelegt, dann jedoch wegen wesentlich dringlicher Neubauten stillgelegt und schließlich annulliert. Hauptursache für die Annullierung war die Zeit, die man für die Neukonstruktion der 40,6 cm-Geschütze benötigte. Anderer-

Oben: In den Entwurf der Vanguard packte man alle Kriegserfahrungen und Lehren hinein. So erhielt das Vorschiff zur Verbesserung des Seeverhaltens einen erhöhten Deckssprung. Diese Verbesserung erwies sich als erfolgreich, die Vanguard war ein ausgezeichnetes Seeschiff.

Unten: Die Vanguard 1947, als sie Angehörige der königlichen Familie nach Südafrika brachte. Sie wurde dann als Schulschiff verwendet und nach einer kurzen Zeit bei der Reserveflotte 1960 zum Abbruch geschleppt. Sie war das letzte Schlachtschiff der Royal Navy und hat ihre Kanonen für einen Ernstfall nie eingesetzt.

seits hatte die Royal Navy noch immer vier 38,1 cm-Geschütze liegen, die man beim Umbau der beiden Leichten Schlachtkreuzer Courageous und Glorious zu Flugzeugträgern von diesen abgebaut hatte. So entstand Anfang 1939 der Entwurf eines gepanzerten Schlachtkreuzers als Antwort auf die japanischen Schweren Kreuzer, und aus diesem endgültig das letzte gebaute britische Schlachtschiff, die 1941 auf Stapel gelegte Vanguard.

Um keine Verzögerungen entstehen zu lassen, griff man auf die Maschinenanlage der Lion-Klasse zurück. Aufgrund der mit der Prince of Wales gemachten Erfahrungen erhielten vier der acht Generatoren einen Dieselantrieb, was bei Kesselausfall die E-Leistung sicherstellte. Der Schiffsschutz entsprach in etwa der King George V.-Klasse, aufgrund der Kriegserfahrungen allerdings mit Änderungen: erweiterter Splitterschutz, erhöhte Längsschotte gegen Überflutungen (wie auf der Prince of Wales). Auch dem Fahrbereich wurde mehr Aufmerksamkeit geschenkt, wobei man die Weite des Ozeans bei fernöstlichen Operationen im Auge hatte. Die Bunkerkapazität wurde

Oben: Salvenschießen der 38,1 cm-Türme. Die Wahl der Reserverohre früherer Schlachtkreuzer beschleunigte den Bau der Vanguard.

Oben: Die Vanguard im August 1946. Gut sichtbar die Mehrzweckgeschütze des Kalibers 13,3 cm und die gleichmäßige Verteilung der mehrrohrigen 40 mm-Flak. Als Ersatz für die 2-Pdr-Pom-Pom waren neue sechsrohrige Lafetten des Typs Mk VI aufgestellt worden.

erhöht, und das Seeverhalten verbesserte ein größeres Freibord. Hinzu kamen modernste Radar-Geräte und Feuerleitanlagen.

Die 38,1 cm-Türme wurden vor dem Einbau geändert: Rohrerhöhung 30°, dickere Panzerung, Ersatz der 4,6 m-Entfernungsmesser durch solche von 9,2 m; das Drehen der Türme sowie die Rohrerhöhung besorgten Kraftsteuerungen. Die Flak wurde aufgrund der Kriegserfahrungen merklich verstärkt. Die geplanten zehn 2-Pdr-Pom-Pom konnten nur bei Verzicht auf die Flugzeugausrüstung eingebaut werden. Schließlich ersetzte man die Mk VI-Pom-Pom durch die neuen sechsrohrigen 40 mm-Bofors-Mk VII und für die 20 mm-Lafetten kamen kraftgesteuerte 40 mm-Bofors-Einzellafetten Mk VII an Bord. Die Feuerleitung der Flak besorgten vier amerikanische Mk 37-Geräte in Verbindung mit dem Radar-Typ 275.

Die Vanguard war sicherlich nicht das stärkste Schlachtschiff der Welt, aber sie war wohl das am besten ausgewogene. Mit ihrer Schnelligkeit, Seetüchtigkeit und dem guten Schiffsschutz hätte sie bei Fertigstellung noch während des Krieges eine nicht unbedeutende Rolle gespielt. Sie stellte erst danach in Dienst und schon Mitte der 50er Jahre erfolgte die Überführung in den Reservestatus.

Unten: Die Vanguard 1946. Beachte den vorderen Sprung und das Spiegelheck. Das Schiff führte eine volle Radarausrüstung für Überwachung und Feuerleitung.

Conte di Cavour-Klasse

Namen: Conte di Cavour, Guilio Cesare
Kiellegung: 1910
Fertigstellung: 1914/15
Umbau: 1933/37
Verdrängung: 26.140 ts Standard, 29.030 ts Einsatz
Abmessungen: Länge über alles 186,4 m, Breite 28 m, Tiefgang 10,4 m
Maschinenanlage: Belluzzo-Getriebeturbinen, 8 Yarrow-Kessel, 93.000 WPS, 2 Wellen, 28 kn
Panzerung: Gürtelpanzer 250-130 mm, Decks 40 mm und 40 mm und 100-80 mm, Barbetten 290-280 mm, Türme 280-230 mm, Kommandoturm 260-100 mm
Bewaffnung: 10x32 cm, 12x12 cm, 8x10 cm-Flak, 12x3,7 cm-Flak, 12x13,2 mm-Flak
Besatzung: 1.236

Entwicklungsgeschichte: 1914/15 als konventionelle Dreadnoughts mit einer SA von 13x30,5 cm und 21 kn bis 22 kn Höchstgeschwindigkeit entstanden Mitte der 30er Jahre wurden beide komplett umgebaut: Ersatz der alten Maschinenanlage mit gemischter Öl- und Kohlenfeuerung und Parsons-Turbinen durch moderne Ölkessel und leichtgebaute Turbinen italienischer Bauart. Das eingesparte Gewicht nutzte man zur Verstärkung des Horizontalschutzes. Trotzdem erreichte man auch danach nicht den Standard neuer sowie modernisierter ausländischer Großkampfschiffe. Auch ein neues Unterwasserschutzsystem wurde eingebaut (siehe Vittorio Veneteo-Klasse), das sich aber aufgrund der zu geringen Schiffsbreite als nicht wirkungsvoll erwies. Zur

Oben: Die Conte di Cavour 1917. Bei Fertigstellung hatten diese Schiffe zwischen den Schornsteinen einen fünften Zwillingsturm.

Unten: Die Conte di Cavour nach Umbau Ende der 30er Jahre. Die vier verbliebenen Dreadnoughts wurden einem umfassenden Umbau unterzogen, der weiterging als bei allen alten Schlachtschiffen der Welt. Die Klasse glich danach im Aussehen den vergleichbaren italienischen Kreuzern. Der mittlere Turm kam von Bord, die anderen Geschütze wurden aufgebohrt.

Verbesserung des Längen/Breiten-Verhältnisses wurden Vor- und Achterschiff verlängert und in der Formgebung verändert. Beide Einheiten überschritten nach Umbau die vorgegebene Konstruktionsgeschwindigkeit von 26 kn um etwa 2 kn. Für die SA beschritt man einen neuen Weg: der 30,5 cm Mittschiffsdrillingsturm wurde durch moderne MA- und Flakbatterien ersetzt; die 30,5 cm-Rohre sind aufgebohrt worden, erhielten neue Züge und hatten dann das Kaliber 32 cm. Auch die Lafetten wurden geändert. Durch die Rohrerhöhung von nun 27° wuchs die Reichweite auf 28.600 m. Nach Umbau erreichten die Schiffe nahezu die Feuerkraft der französischen Dunkerque-Klasse, den älteren britischen Schlachtschiffen waren sie sogar überlegen. Die in Zwillingstürmen aufgestellte 12 cm-MA war für die Zerstörerabwehr zu leicht. Die Aufbauten waren komplett verändert worden und orientierten sich in ihrer Formgebung an den neuesten Leichten Kreuzern der Condottieri-Klasse: eine kleine Turmbrücke mit obensitzenden Feuerleitgeräten der SA. Hinzu kamen zwei schmale Schornsteine und ein schlanker Dreibeinmast.

Oben: Die Giulio Cesare 1938. Gut sichtbar die vorderen Türme der SA und die neue Turmbrückenform. Das Feuerleitgerät für die SA sitzt auf der Brücke, das kleinere gehört zur 12 cm-MA-Batterie.

Unten: Die Giulio Cesare 1940. Sichtbar die Gefechtsschäden aus dem Kampf vor Kalibrien, als sie mittschiffs einen 38,1 cm-Treffer von der Warspite erhielt. Vor und hinter dem getroffenen Schornstein sind zwei 3,7 cm-Flakdoppellafetten zu erkennen.

Oben: Die Conte di Cavour auf dem Marsch im Mittelmeer. Beim Umbau wurde der Vorsteven völlig umgestaltet und erhielt zum besseren Seeverhalten eine verbesserte Auslegung. Auch das Heck wurde zur Geschwindigkeitserhöhung verlängert.

Bei Kriegseintritt im Juni 1940 waren die beiden Schiffe die einzigen einsatzbereiten Schlachtschiffe der italienischen Flotte. Im Juli trafen sie vor der Küste Kalabriens auf die britische Mittelmeerflotte. Ein von der Warspite auf große Entfernung erzielter Treffer auf die Giulio Cesare veranlaßte die Italienier zum Abbruch des Gefechtes. Im Anschluß waren die Einheiten wiederholt gegen Malta-Geleite und die britische Kampfgruppe H angesetzt, alle Vorstöße waren jedoch zaghaft und halbherzig, man vermied Gefechtsberührungen. Nach einem vom Träger Illustrious aus gestarteten Angriff auf Taranto im November 1940 wurde die Conte di Cavour nach einem Torpedotreffer in flachem Wasser versenkt. Obwohl im Juli 1941 gehoben und zur Reparatur nach Triest geschleppt, kam sie nie wieder in Fahrt. Die Giulio Cesare wurde im Januar 1941 in Neapel durch drei Bombentreffer beschädigt und fuhr nach Reparatur im Dezember 1941 und Januar 1942 Fernsicherung für Afrikageleite. Dann stellte sie außer Dienst. 1949 wurde sie der Sowjetunion zugesprochen und fuhr unter dem Namen Novorossisk als Schulschiff. Im Oktober 1955 sank sie nach einem Minentreffer auf der Reede von Sevastopol.

Caio Duilio-Klasse

Namen: Caio Duilio, Andrea Doria
Kiellegung: 1912
Fertigstellung: 1915/16
Umbau: 1937/40
Verdrängung: 26.430-25.920 ts Standard, 29.390-28.880 ts Einsatz
Abmessungen: Länge über alles 186,9 m, Breite 28 m, Tiefgang 8,9 m
Maschinenanlage: Belluzzo-Getriebeturbinen, 8 Yarrow-Kessel, 87.000 WPS, 2 Wellen, 27 kn
Panzerung: Gürtelpanzer 250-130 mm, Decks 32 mm und 40 mm und 100-80 mm, Barbetten 290-280 mm, Türme 280-230 mm, Kommandoturm 260-100 mm
Bewaffnung: 10x32 cm, 12x13,5 cm, 10x9 cm-Flak, 15x3,7 cm-Flak, 16x20 mm-Flak
Besatzung: 1.485

Entwicklungsgeschichte: Der Umbau dieser beiden mit 30,5 cm-Geschützen armierten Dreadnoughts in den 30er Jahren ähnelte ihren beiden Halbschwesterschiffen. Nachdem deren Umbau sich dem Ende näherte, verlegten diese beiden in die Werft. Bei bei-

Unten: Die Caio Duilio nach dem Umbau. Obwohl nach dem gleichen Muster wie die Vorgänger umgebaut, ähnelten diese beiden Einheiten im Aussehen mehr der Vittorio Veneto-Klasse.

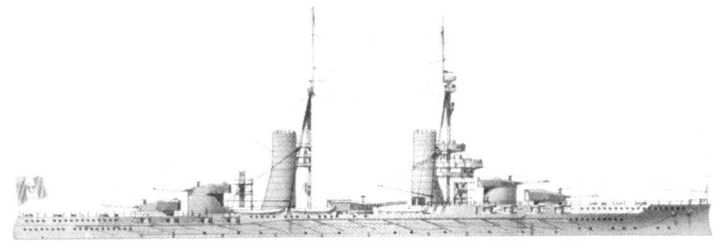

Oben: Die Andrea Doria nach Fertigstellung 1916. Diese Klasse unterschied sich von den Vorgängern durch die Anordnung der Masten und Schornsteine. Sie besaß darüber hinaus eine 15,2 cm-MA und der Mittelturm der SA stand niedriger.

den wurden zusätzliche Verbesserungen vorgenommen, deren Merkmale auch bei der nachfolgenden Vittorio Veneto-Klasse zu finden sind. Die wichtigsten Unterschiede zwischen der Conte di Cavour- und Caio Duilio-Klasse sind in der MA und Flak und deren Anordnung zu finden: bei der Conte di Cavour-Klasse stand die MA in 12 cm-Zwillingstürmen entlang der Seiten, davor und dahinter jeweils die 10 cm-Doppelflak. Bei der Caio Duilio-Klasse wählte man für die MA ein 13,5 cm-Kaliber, die Geschütze standen in sich überschießenden Drillingstürmen beiderseits des Brückenaufbaues. Die Wahl des Kalibers 13,5 cm war ein merklicher Fortschritt, war doch die Standardwaffe

Oben: Die Andrea Doria und die Giulio Cesare im Dezember 1941 während eines Geleitunternehmens nach Nordafrika.

Oben: Die Caio Duilio 1941/42 vor Anker. Sie und ihre Artgenossen wurden nach 1940 nicht mehr offensiv eingesetzt. Von Ende 1941 bis März 1942 deckten sie lediglich Nordafrikageleite.

der italienischen Zerstörer 12 cm, die der französischen Gegenspieler 13 cm und die der großen Zerstörerführer 13,8 cm. Noch wichtiger war, daß man für diese Klasse für die Flak das neue Kaliber von 9 cm wählte. Wie bei der Vittorio Veneto-Klasse wurde sie beiderseits der Schornsteine in Einzellafetten postiert. Auch die Aufbauten orientierten sich an der Vittorio Veneto-Klasse: Schlankere Turmbrückenstruktur als auf der Conte di Cavour-Klasse mit den beiden Feuerleitgeräten der SA übereinandersitzend über der Navigationsbrücke. Anstelle eines Dreibeinmastes gab es nur einen kurzen Stummelmast mit zwei Ladebäumen für die Handhabung der Beiboote.

Beide Einheiten stellten kurz nach Kriegseintritt wieder in Dienst: Caio Duilio im Juni und Andrea Doria im Oktober 1940. Die Caio Duilio war am ergebnislosen Ansatz der Flotte gegen ein Mittelmeergeleit (September 1940) beteiligt und wurde im November in Taranto von einem Torpedo getroffen. Sie blieb schwimmfähig. Im Dezember 1941 und Januar 1942 folgten weitere Versuche, britische Geleite nach Malta anzugreifen. Im März 1942 stellten beide außer Dienst, und im September 1943 ergaben sie sich mit der restlichen Flotte. Im Juni 1944 zurückgegeben, fanden sie als Schulschiffe Verwendung. Der Abbruch erfolgte in den 50er Jahren.

Unten: Die Andrea Doria Ende 1941. Beachte die 13,5 cm-Drillingstürme seitlich der Brücke und die Mittschiffs-9-cm-Flakeinzellafetten.

ITALIEN

Vittorio Veneto-Klasse

Namen: Littorio, Vittorio Veneto, Impero, Roma
Kiellegung: 1934/38
Fertigstellung: 1940/42
Verdrängung: 41.170-41.650 ts Standard, 45.030-45.485 ts Einsatz
Abmessungen: Länge 237,8 m (Roma und Impero 240,7 m), Breite 32,9 m, Tiefgang 10,5 m
Maschinenanlage: Belluzzo-Getriebeturbinen, 8 Yarrow-Kessel, 128.200 WPS, 4 Wellen, 30 kn
Panzerung: Gürtelpanzer 70 und 280-60 mm, Decks 35 mm und 150-100 mm, Barbetten 350-280 mm, Türme 350-200 mm, Kommandoturm 250-60 mm
Bewaffnung: 9x38,1 cm, 12x15,2 cm, 12x9 cm-Flak, 20x3,7 cm-Flak, 16-28x20 mm-Flak
Besatzung: 1.830-1.885

Entwicklungsgeschichte: Italien hatte seine Zustimmung zum Londoner Flottenabkommen versagt und legte als erster neue Schlachtschiffe auf Stapel. Der Washingtoner Vertrag erlaubte den Bau von entweder drei Schiffen mit je 23.000 ts oder zwei mit je 35.000 ts Verdrängung, denn die zugestandene Obergrenze lag bei 70.000 ts. Man wählte letzteres, denn es galt, der französischen Dunkerque-Klasse zu begegnen. Zwei weitere Einheiten folgten Ende der 30er Jahre.
Da die italienische Industrie nicht in der Lage war, Geschütze mit dem Kaliber 40,6 cm zu fertigen, wählte man das von 38,1 cm mit einer maximalen Reichweite von 42.800 m bis 44.640 m. Die SA fand in Drillingstürmen Aufstellung, von denen der achtere auf dem Backdeck stand, um so beim Schießen die Handhabung der Bordflugzeuge ohne Beeinträchtigung durch Druckwellen zu gewährleisten. Die MA und Flak bildeten separate Batterien. Im Vergleich mit anderen Marinen waren die Türme der MA gut gepanzert: Front 280 mm, Decke 130 mm. Die starke Flak bestand aus 12x9 cm-Einzeltürmen. Hinzu kamen zahlreiche 3,7 cm- und 20 mm-Geschütze.

Oben: Die Vittorio Veneto während der Erprobung. Danach wurde dem Vorsteven zur Verbesserung des Seeverhaltens eine neue Form gegeben.

Unten: Die Roma bei Fertigstellung Mitte 1942. Sie unterschied sich von den ersten beiden Einheiten durch das längere Vorschiff mit vergrößertem Sprung. Beachte den hochgesetzten Turm C. Das hatte man gewählt, um bei der Handhabung der drei Flugzeuge nicht vom Mündungsdruck behindert zu werden.

Das Schiffsschutzsystem ähnelte überwiegend dem der US-Navy: ein leichtgepanzertes Oberdeck zum vorzeitigen Zünden von Bomben und Panzersprenggranaten, bevor sie tieferdrangen und auf die wichtigen Räume unter dem Hauptpanzerdeck trafen. Der Gürtelpanzer hatte eine um 11° nach innen geneigte Böschung, war aber nicht so dick wie auf ausländischen Schiffen. Das Gesamtpanzergewicht betrug 14.700 ts, rund 37 Prozent der Leerverdrängung. Der Unterwasserschutz war eine Konstruktion des italienischen Ingenieurs Pugliese und bestand aus einem Hohlzylinder mit 3,75 m Durchmesser, dessen einzelnen Abteilungen mit Wasser und Heizöl gefüllt waren. Theoretisch sollte diese Anordnung den ersten Explosionsdruck eines Torpedotreffers auffangen. Wegen der schwachen inneren Struktur zeigte sie sich in der Praxis wenig wirkungsvoll. Im Gegensatz zu den vielen Mängeln im Schiffsschutz waren die Einheiten schneller als ihre Artgenossen: Vittorio Veneto und Littorio liefen bei den Probefahrten 31 kn. Die Ausbildung des Vorstevens bereitete anfangs einige Schwierigkeiten: Vibrationen und viel Gischt; bei den nachfolgenden Schiffen (Roma und Impero) änderte man den Bug noch auf der Helling, das Vorschiff erhielt eine gefälligere Form mit Sprung. Bei Kriegsausbruch hatten Vittorio Veneto und Littorio gerade in Dienst gestellt. Sie waren im August einsatzbereit. Im Verlauf des Herbstes kam es zu wiederholten Einsätzen gegen die britische Mittelmeerflotte, aber die Italiener vermieden stets, ihre überlegene Kampfkraft auszuspielen.

Beim Angriff auf Taranto im November 1940 wurde Littorio von drei Torpedos getroffen und sackte mit dem Vorschiff ab auf flaches Wasser. Im März 1941 traf die Vittorio Veneto als Flaggschiff des italienischen Flottenchefs im Verband von zwei Divisionen Schwerer Kreuzer und einer Division Leichter Kreuzer bei einem Angriffsversuch auf britische Geleite nach Griechenland auf einen britischen Kreuzerverband. Aus 70 sm Entfernung liefen die britischen Schlachtschiffe Warspite, Barham und Valiant zum Ort des Geschehens, und der Träger Formidable startete Flugzeuge. Die Vittorio Veneto wurde von einem Torpedo getroffen, ein weiterer traf den Schweren Kreuzer Pola. Die Italiener verloren in dieser Schlacht vor Kap Matapan drei Schwere Kreuzer. Im September 1941 wurden Vittorio Veneto und Littorio erneut gegen Malta-Geleite und als Fernsicherung für eigene Geleite eingesetzt. Dabei wurde die Vittorio Veneto von einem Torpedo des Ubootes Urge beschädigt und verlegte bis Frühjahr 1942 in die Werft. Im Juni kam es zu einem Vorstoß gegen Malta-Geleite, und diesmal wurde die

Oben: Decksplan der Vittorio Veneto mit Erkennungsstreifen. Beachte die separaten MA- und Flakbatterien.

Oben: Die Vittorio Veneto 1941/42 in Taranto. Während dieser Zeit war sie als Fernsicherung für Afrikageleite eingesetzt.

Littorio von einem Lufttorpedo und einer Bombe getroffen. Sie mußte bis 1943 in die Werft. Die Roma stellte im Juni 1942 in Dienst, kam jedoch nie zum Einsatz. Als die italienische Flotte zur Übergabe nach Malta lief, wurde sie von zwei deutschen Gleitbomben, deren eine den Schiffsboden durchdrang und deren andere das vordere Magazin traf, versenkt. Die Littorio hieß jetzt Italia und wurde ebenfalls von einer Gleitbombe getroffen, überlebte aber genau wie die Vittorio Veneto. Beide wurden später abgewrackt. Das vierte Schiff, die Impero, wurde wegen drohender französischer Angriffe von Genua nach Brindisi geschleppt. Obwohl sie bereits zehn Monate vor der Roma vom Stapel gelaufen war, hatte Stahlmangel die Arbeiten immer wieder verzögert. Sie wurde nie fertiggestellt.

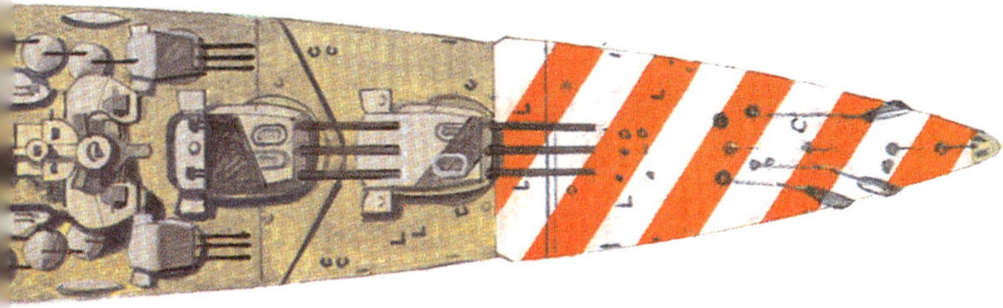

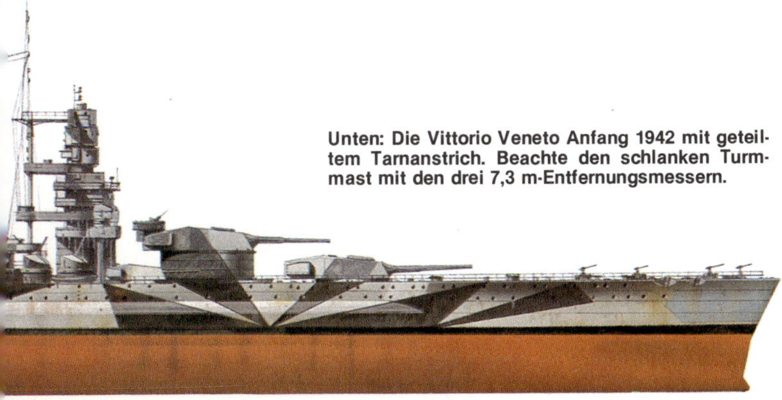

Unten: Die Vittorio Veneto Anfang 1942 mit geteiltem Tarnanstrich. Beachte den schlanken Turmmast mit den drei 7,3 m-Entfernungsmessern.

JAPAN

Kongo-Klasse

Namen: Kongo, Hiei, Haruna, Kirishima
Kiellegung: 1911/12
Fertigstellung: 1913/15
Umbau: 1927/30, 1933/40
Verdrängung: 31.720-32.350 ts Standard, 36.320 ts Einsatz
Abmessungen: Länge über alles 222,1 m, Breite 29 m, Tiefgang 9,7 m
Maschinenanlage: Kanpon-Getriebeturbinen, 8-11 Kanpon-Kessel, 136.000 WPS, 4 Wellen, 30 kn
Panzerung: Gürtelpanzer 205-75 mm, Deck 120-50 mm, Barbetten 255 mm maximal, Türme 230 mm maximal, Kommandoturm 255-155 mm
Bewaffnung: 8x35,6 cm, 14x15,2 cm, 8x12,7 cm-Flak, 10x25 mm-Flak
Besatzung: 1.437

Entwicklungsgeschichte: Die vier Schiffe wurden als normale Schlachtkreuzer mit hoher Geschwindigkeit und mäßiger Panzerung gebaut. Sie hatten hohes Ansehen in der kaiserlich-japanischen Marine und wurden zwei großen Umbauten unterzogen. 1927/30 erhielten sie Torpedowulste und einen stärkeren Horizontalschutz (das Gesamtpanzergewicht wuchs von 6.502 ts auf 10.313 ts), und die Rohrerhöhung der SA

steigerte man von 30° auf 43°. Hinzu kamen neue Kessel. Durch das gestiegene Panzergewicht verminderte sich die Geschwindigkeit von 27,5 kn auf 25,9 kn.
Der zweite Umbau sollte die alte Geschwindigkeit wieder herstellen. Dazu ersetzte

Oben: Die Hiei Anfang der 30er Jahre nach ihrer Demilitarisierung ohne Turm Y und ohne MA-Batterie.

Unten: Die Kongo nach Fertigstellung 1913.

Unten: Die Kirishima 1931 vor Umrüstung auf neue Kessel und Maschinen. In den 30er Jahren erhielt sie zusätzlichen Horizontalschutz und die beiden vorderen Schornsteine wurden zu einem zusammengefaßt.

man die alte Maschinenanlage durch neue Kessel und leichtgewichtige Turbinen, wodurch sich die Wellenleistung nahezu verdoppelte. Zur Verbesserung des Breiten/Längen-Verhältnisses verlängerte man das Heck um 8 m. Die Geschwindigkeit danach lag bei 30 kn, und die Schiffe wurden zu schnellen Schlachtschiffen umklassifiziert. Darüber hinaus wurde die Flak auf den neuesten Stand gebracht, ein Katapult und drei Flugzeuge kamen an Bord. Die Barbetten hatten ebenfalls einen verbesserten Panzerschutz erhalten. Die Hiei wurde gemäß des Washingtoner Abkommens entmilitarisiert, später aber — als letzte Einheit — ebenfalls umgebaut, erhielt Feuerleitanlagen und eine Brückenstruktur, die der neuen Yamato-Klasse als Vorbild diente. Nach dem Umbau waren die Einheiten nicht mehr für die Schlachtlinie vorgesehen und wurden den Träger- und Kreuzerdivisionen zugeteilt. Für diese Verwendung waren sie aufgrund ihrer Geschwindigkeit gut geeignet. An den Kampfhandlungen im Pazifik waren sie mehr als jede andere Klasse beteiligt: im Dezember 1941 Sicherung der sechs gegen Pearl Harbor angesetzten Träger durch Hiei und Kirishima; Unterstützung der

Unten: Die Kongo 1931, bereits mit dem neuen Pagoden-Gefechtsmast, der Standard für alle japanischen Kriegsschiffe wurde.

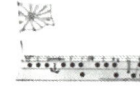

Unten: Die Kirishima 1937 nach dem letzten Umbau, bei dem sie neue Kessel und Maschinen erhalten hatte.

Operationen gegen die Philippinen, gegen Malaya, Java und Sumatra durch Kongo und Haruna. Nach der Nahezuvernichtung der Trägerflotte bei Midway waren Hiei und Kirishima an den Kämpfen um Guadalcanal beteiligt. Im November 1942 kam es zwischen Hiei und US-Kreuzern zu einem Nachtgefecht, in dem sie mehr als 50 20,3 cm-Treffer erhielt und am folgenden Morgen nach Lufttorpedotreffern unterging. Zwei Nächte später traf Kirishima auf die modernen US-Schlachtschiffe Washington und South Dakota. Auf die kurze Entfernung von 7.700 m wurde sie trotz schwerer Schäden der South Dakota von der Washington mit neun 40,6 cm-Geschossen und mehr als 40 12,7 cm-Treffern vernichtet.

Kongo und Haruna überlebten die Schlacht im Leyte Golf. Die Kongo wurde auf dem Rückmarsch bei Formosa von einem Torpedo des Ubootes Sealion versenkt, die Haruna sank im Juli 1945 in Kure nach Bomben. Kurz vor ihren letzten Einsätzen hatten Kongo und Haruna noch zusätzliche Flak erhalten: Kongo 12x12,7 cm und 100x25 cm; Haruna nochmals weitere 18x25 mm.

Unten: Die Haruna im Jahr 1944, zu dieser Zeit mit einer bemerkenswert großen Zahl von 25 mm-Flak und zusätzlichen vier 12,7 cm-Geschützen. Beachte das Typ 2-Seeüberwachungsradar auf dem Gefechtsmast.

Fuso-Klasse

Namen: Fuso, Yamashiro
Kiellegung: 1912/13
Fertigstellung: 1915/17
Umbau: 1930/35
Verdrängung: 34.700 ts Standard, 39.150 ts Einsatz
Abmessungen: Länge über alles 212,8 m, Breite 30,6 m, Tiefgang 9,7 m
Maschinenanlage: Kanpon-Getriebeturbinen, 6 Kanpon-Kessel, 75.000 WPS, 4 Wellen, 24,5 kn
Panzerung: Gürtelpanzer 305-1 00 mm, Deck 100-50 mm, Barbetten 205 mm maximal, Türme 305-115 mm, Kommandoturm 350 mm maximal
Bewaffnung: 12x35,6 cm, 14x15,2 cm, 8x12,7 cm-Flak, 16x25 mm-Flak
Besatzung: 1.396

Entwicklungsgeschichte: Bei Fertigstellung entsprachen sie der japanischen Vorliebe: Schlagkraft und Beweglichkeit auf Kosten der Panzerung. Beide Einheiten wurden in den 30er Jahren komplett umgebaut: verbesserter Horizontalschutz und Torpedowulste. Das Gesamtpanzergewicht wuchs von 8.588 ts auf 12.199 ts. Hinzu kamen neue leichtgewichtige Maschinen, wodurch man rund 1.300 ts Gewicht einsparte, und das Heck wurde zur Geschwindigkeitssteigerung verlängert. Die Rohrerhöhung der SA steigerte man von 30° auf 43°, und es kam moderne Flak an Bord. Das Aussehen der Schiffe wurde radikal verändert: Ausbau vorderer Schornstein, Ersatz des Dreibeinmastes durch eine pagodenförmige massive Turmbrückenstruktur, und sie erhielten ein Katapult für drei Flugzeuge. Der Umbau war kein Erfolg: die Schiffe waren übergewichtig und wurden daher im Zweiten Weltkrieg nur für zweitrangige Aufgaben

Oben: Die Yamashiro 1930 vor ihrem letzten Umbau. In den 20er Jahren hatte sie einen neuen Gefechtsmast erhalten, die beiden Schornsteine jedoch behalten. Der vordere Schornstein bekam eine große Kappe. Die Fuso wurde ähnlich gestaltet.

Oben: Die Fuso nach dem letzten Umbau.

eingesetzt: gemeinsam mit Ise und Hyuga bildeten sie die 2. Schlachtschiff-Division. Nach Midway war ein Umbau ähnlich Ise und Hyuga geplant. Die Arbeiten wurden nicht begonnen. Bei den Kämpfen im Leyte Golf fungierten sie als »Lockvögel«, fanden beim Marsch durch die Surigao Straße den Weg aber durch US-Zerstörer und alte US-Schlachtschiffe versperrt. Beide Einheiten wurden das Opfer von Torpedos, 35,6 cm- und 40,6 cm-Geschossen und gingen unter. Dieses war zugleich die letzte Schlacht Schlachtschiff gegen Schlachtschiff.

Oben: Die Yamashiro nach der letzten Modernisierung. Beachte die Position des Katapultes.

Unten: Die Fuso nach dem letzten Umbau. Das Seeflugzeug ist vom Typ »Nakajima 95«.

Hyuga-Klasse

Namen: Ise, Hyuga
Kiellegung: 1915
Fertigstellung: 1917/18
Umbau: 1934/37, 1942/43
Verdrängung: 35.800-36.00 ts Standard, 40.170 ts Einsatz
Abmessungen: Länge über alles 215,8 m, Breite 31,7 m, Tiefgang 9,2 m
Maschinenanlage: Kanpon-Getriebeturbinen, 8 Kanpon-Kessel, 80.000 WPS, 4 Wellen, 25,3 kn
Panzerung: Gürtelpanzer 305-75 mm. Decks 50 mm und 120 mm, Barbetten 305 mm

Oben: Die Hyuga 1940, nach dem Umbau 1934/37. Auf dem Achterschiff drei Seeflugzeuge des Typs »Nakajima 95«. Der Pagoden-Gefechtsmast war kürzer als auf der Fuso-Klasse.

maximal, Türme 305-205 mm, Kommandoturm 305-155 mm
Bewaffnung: 12x35,6 cm, 16x14 cm, 8x12,7 cm-Flak, 20x25 mm-Flak
Besatzung: 1.376

Entwicklungsgeschichte: Beide waren verbesserte Nachfolger der Fuso-Klasse. Der einzige Unterschied zwischen ihnen war die Zusammenfassung der beiden Mittschiffs-35,6 cm-Türme in einer Gruppe. Das gestattete zugleich eine bessere innere Unterteilung und Raumgewinn für die Maschinenanlagen. Sie erhielten als erste japanische Schlachtschiffe das neue 14 cm-Geschütz als Standard-MA. Der erste Umbau 1934/37 umfaßte ähnliche Maßnahmen wie bei der Fuso- und Kongo-Klasse: komplette Erneuerung der Maschinenanlage, Heckverlängerung um 7,6 m und Anbau von Torpedowulsten, Verbesserung des Horizontalschutzes (danach stieg das Gesamtpanzergewicht von 9.525 ts auf 12.644 ts), Rohrerhöhung der SA von 30° auf 43° und die der 14 cm-Geschütze von 20° auf 30°. Hinzu kam neue Flak. Durch den Einbau neuer

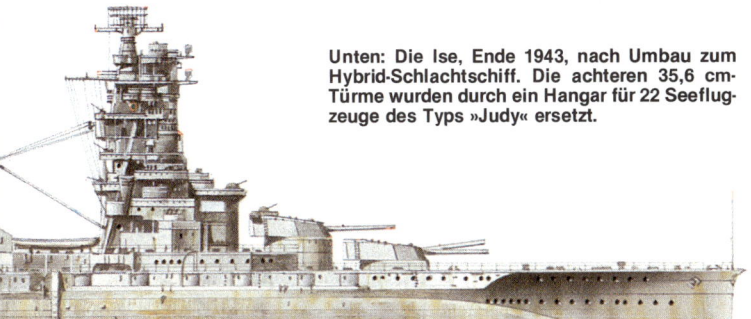

Unten: Die Ise, Ende 1943, nach Umbau zum Hybrid-Schlachtschiff. Die achteren 35,6 cm-Türme wurden durch ein Hangar für 22 Seeflugzeuge des Typs »Judy« ersetzt.

leichtgewichtiger Hochdruckkessel und -turbinen wuchs die Geschwindigkeit um 1,7 kn; auf den zweiten Schornstein konnte seither verzichtet werden. Das wiederum hielt die neue Pagoden-Turmmastbrücke frei von Rauchgasen. Schließlich kam ein Katapult für drei Flugzeuge an Bord.

Bei Kriegsausbruch gehörten beide Einheiten zur 2. Schlachtschiff-Division, die während der Kämpfe um Midway die Landung auf den Aleuten deckte. Im Anschluß wurden beide zu Hybrid-Schlachtschiffen umgebaut. Im September 1942 gingen sie in die Werft und kamen Ende 1943 mit verändertem Aussehen zurück: Wegfall der achteren 35,6 cm-Türme, dafür Aufbau eines Flugdecks mit darunterliegendem 60 m langem Hangar für Seeflugzeuge.

Am Deckende befand sich ein T-förmiger Aufzug, die Flugzeuge wurden von zwei jenseits der Mittschiffstürme befindlichen drehbaren Katapulten gestartet. Die MA-Kasemattgeschütze wurden komplett durch Flak ersetzt. Diese bestand aus 16x12,7 cm- und 57x25 mm-Geschützen. In dieser Konfiguration sollten sie mit 22 »Judy«-Sturzkampfbombern ausgerüstet werden. Der Mangel an Flugzeugen und Piloten ließ jedoch keinen Einsatz dieser Art zu. Kurz vor der Schlacht im Leyte Golf wurden die Katapulte zur Verbesserung des Schußfeldes der Mittschiffstürme ausgebaut. Zu dieser Zeit besaßen sie eine Nahbereichsflak von 108x25 mm, von denen zahlreiche Einzellafetten auf dem Flugdeck standen.

Ise und Hyuga bildeten bei Leyte die 4. Trägerdivision und da die Flugzeuge fehlten, fungierten sie als »Lockvögel«, um auf diese Weise die Trägerkampfgruppe des Admiral Halsey nach Norden zu locken und der Hauptflotte unter Vizeadmiral Kurita den Weg durch die San Bernadino Straße zu öffnen. Beide Schiffe wurden durch Bomben beschädigt, kehrten aber nach Japan zurück. Ab Februar 1945 in der Werft von Kure liegend, wurden sie im März und Juli Opfer weiterer Bomben. Beide wurden nach Kriegsende abgebrochen.

Oben: Die Ise bei der Meilenfahrt nach dem Umbau zum Hybrid-Schlachtschiff. Während des Umbaues wurden die Geschütze der 14 cm-MA ausgebaut und die Flakausrüstung verstärkt auf 16x12,7 cm und 57, später 108x25 mm.

Unten: Eine Einheit der Hyuga-Klasse in der Schlacht vom Leyte Golf während eines Angriffs. Wegen Mangel an Flugzeugen und Piloten kamen die Schiffe nie zum Einsatz in ihrer vorgesehenen Funktion. Im Oktober 1944 wurden die Katapulte ausgebaut, so daß die mittleren 35,6 cm-Türme besseres Schußfeld erhielten. Die Schiffe fanden Verwendung als schwimmende Flakbatterien.

Nagato-Klasse

Namen: Nagato, Mutsu
Kiellegung: 1917/18
Fertigstellung: 1920/21
Umbau: 1934/35
Verdrängung: 39.120 ts Standard, 46.350 ts Einsatz
Abmessungen: Länge über alles 224,9 m, Breite 33 m, Tiefgang 9,5 m
Maschinenanlage: Kanpon-Getriebeturbinen, 10 Kanpon-Kessel, 82.000 WPS, 4 Wellen, 25 kn
Panzerung: Gürtelpanzer 300-100 mm, Decks 65 mm und 70 mm und 50-75 mm, Barbetten 300 mm und 125 mm, Türme 355 mm maximal, Kommandoturm 370-95 mm
Bewaffnung: 8x40,6 cm, 18x14 cm, 8x12,7 cm-Flak, 20x25 mm-Flak
Besatzung: 1.368

Entwicklungsgeschichte: Die Nagato war das erste mit 40,6 cm-Geschützen gebaute Schlachtschiff der Welt. Im Vergleich mit dem Standard damaliger Zeit war diese Klasse schneller und besser als die Vorgänger mit den 35,6 cm-Geschützen gepanzert. Bei ihnen hatte man am konventionellen System des Schiffsschutzes festgehalten: abnehmende Panzerstärke an den Seiten und eine sorgfältige Kombination leichter Panzerdecks. Das stand im Gegensatz zum revolutionären »Alles oder Nichts«-System der Amerikaner. Die Schiffe standen in der japanischen Marine in hohem Ansehen und wurden 1934/36 umfassend modernisiert: Verstärkung der Decks- und Barbettenpanzerung, dadurch Anwachsen des Gesamtpanzergewichtes von 10.396 ts auf 13.032 ts, Erneuerung der Maschinenanlage, Verlängerung des Hecks um 8,7 m. Im Gegen-

satz zu den älteren Schlachtschiffen stieg die Wellenleistung jedoch nicht so an. Umbau der Aufbauten ähnlich der Fuso- und Hyuga-Klasse. Aufstellung moderner Flak sowie eines Katapultes für drei Flugzeuge.

Beide Schiffe bildeten mit der Yamato die 1. Schlachtschiffdivision, hatten aber wenig Gelegenheit, sich auszuzeichnen: bei Midway hatten sie keine Gefechtsberührung, im Juli 1943 sank die Mutsu nach innerer Explosion in heimischen Gewässern. Die Nagato gehörte bei Leyte zur Schlachtflotte des Vizeadmirals Kurita und erhielt zwei Torpedo- und vier Bombentreffer. Ihre Nahbereichsflak bestand zu dieser Zeit aus 98x25 mm. Dafür hatte man zwei 14 cm-Geschütze ausgebaut. Sie überlebte und diente als Ziel für Atombombentests.

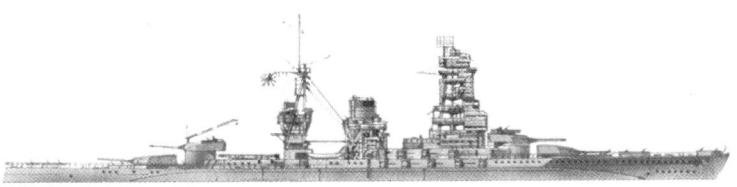

Oben: Die Nagato im Jahre 1944 mit einer großen Zahl 25 mm-Flak und dem Luftüberwachungsradar Typ 1 und Seeüberwachungsradar Typ 2.

Unten: Die Nagato 1938 in Tsingtau, aufgenommen von einem britischen Kriegsschiff. Sie hatte gerade den großen Umbau hinter sich, bei dem die Kessel und Maschinen erneuert wurden.

JAPAN

Yamato-Klasse

Namen: Yamato, Musashi
Kiellegung: 1937/40
Fertigstellung: 1941/42
Verdrängung: 63.000 ts Standard, 71.650 ts Einsatz
Abmessungen: Länge über alles 263 m, Breite 36,9 m, Tiefgang 10,4 m
Maschinenanlage: Kanpon-Getriebeturbinen, 12 Kanpon-Kessel, 150.000 WPS, 4 Wellen, 27 kn
Panzerung: Gürtelpanzer 410 mm, Deck 230-200 mm, Barbetten 546-50 mm, Türme 650-193 mm, Kommandoturm 500-300 mm, Torpedoschotte 200-75 mm
Bewaffnung: 9x45,7 cm, 12x15,5 cm, 12x12,7 cm-Flak, 24x25 mm-Flak, 4x13,2 mm-Flak
Besatzung: 2.500

Entwicklungsgeschichte: Die Yamato und die Musashi waren die größten und kampfstärksten Schlachtschiffe aller Zeiten und die ersten Einheiten einer Serie von Supergroßkampfschiffen, vorgesehen, den Amerikanern die Vormacht im Pazifik strittig zu machen. Man hatte festgestellt, daß Schlachtschiffe mit mehr als 63.000 ts Verdrängung den Panama-Kanal nicht mehr passieren konnten. Wenn Japan also den Bau größerer Schiffe beginnen würde, kämen die USA in eine mißliche Lage: entweder Bau vieler kleinerer Schiffe oder Bau größerer Schiffe, dann jedoch Teilung in Atlantik- und Pazifikflotte, dabei die Erschwernis, sich gegenseitig zu unterstützen.

Der Bau solch großer Schiffe setzte großes technisches Können voraus. Als die letzten Entwürfe im März 1937 genehmigt waren, verfügte nur die Mitsubishiwerft in Nagasaki üer eine entsprechende Helling, die sogar noch verstärkt werden mußte. Die anderen Schiffe wurden auf neuerrichteten oder speziell umgebauten Helgen auf Stapel gelegt. Die massigen Drillingstürme und die Geschütze der SA wurden mittels Spezialfrachter vom Hersteller direkt an die Werften geliefert. Die Türme wogen je 2.818 ts und die Geschütze verschossen 1.470 kg-Granaten auf 41.400 m Entfernung.

Oben: Die Yamato nach Fertigstellung 1941. Mittschiffs die 15,5 cm-Drillingstürme der MA.

Oben: Die Yamato im September 1941 in Kure während der letzten Ausrüstungsarbeiten.

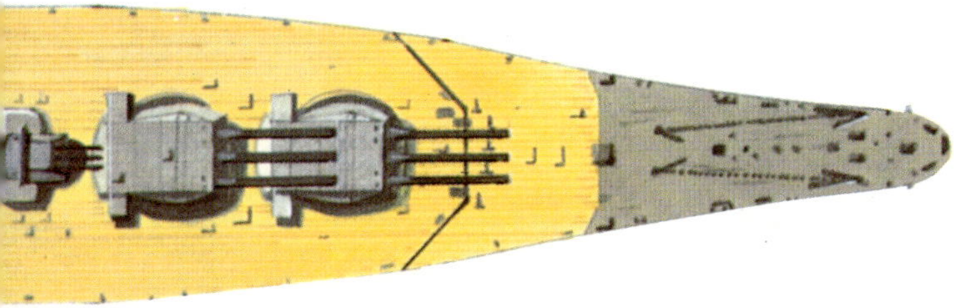

Unten: Auffälligstes Merkmal der Yamato-Klasse waren die geschlossenen Aufbauten. Die Flak war ursprünglich in ihrer Gesamtheit in der Wetterdecksebene aufgestellt.

Oben: Die Yamato am 26. Oktober 1941 in der Bungo-Straße während der Meilenfahrt mit 27 kn. Beachte die wellenartige Decksführung, allgemeines Merkmal japanischer Kriegsschiffe.

Der Bau der Einheiten wurde streng geheim gehalten, die Helgen waren gegen Sicht durch Sisalmatten abgeschirmt. Die 45,7 cm-Geschütze (genau eigentlich 46 cm) wurden offiziell als 40,6 cm-Typ 94 bezeichnet, und der US-Geheimdienst ließ sich täuschen. So entging diesem nicht nur das wahre Kaliber, sondern auch die tatsächliche Größe der Schiffe. Als Folge verfügte die US-Navy bei Kriegsausbruch über kein Schlachtschiff größer als 45.000 ts und mit einem Kaliber über 40,6 m.

Der Schiffsschutz orientierte sich an dem »Alles oder Nichts«-System: ein vergleichsweiser schmaler und als Böschung ausgebildeter 410 mm-Panzergürtel gegen 45,7 cm-Geschosse mit einem horizontal abschließenden 230-200 mm Panzerdeck. Unter diesem saß ein dünnes Splitterdeck. Ein Schutzdeck gegen Bomben gab es nicht. Der Unterwasserschutz war einheitlich und hatte keine Flüssigkeitsfüllungen. Für ihre Größe war der Tiefgang — bedingt durch die geringen Wassertiefen in den Küstengewässern — bemerkenswert klein.

Wie auch andere europäische Marinen, bevorzugte die japanische Marine eine eigen-

ständige MA. Beide Schiffe erhielten je vier, rautenförmig aufgestellte 15,5 cm-Drillingstürme. Aufgrund von Kriegserfahrungen ersetzte man später die beiden Seitentürme durch zusätzliche Flak. Die Yamato trug zuletzt eine Flak von 24x12,7 cm und nicht weniger als 150x25 mm (29x3 und 63x1). Zur Ausrüstung gehörten zwei Katapulte und sieben Flugzeuge. Mit der Geschwindigkeit von 27 kn paßte man sich weiteren Planungen an, blieb aber unter der neuer Flottenflugzeugträger. Hinzu kam, daß die Marine sich weigerte, Yamato und Musashi als Eskorte für Träger einzusetzen. Sie träumte von einem Kanonenduell, für das sie ja gebaut worden waren.

Die Yamato führte die Schlachtflotte gege Midway, eine Gefechtsberührung blieb ihr aufgrund der Versenkung der japanischen Träger versagt. Danach lag sie mit ihrem Schwesterschiff Musashi in Truk, konnte aber mangels Luftunterstützung im südlich davon gelegenen Inselbereich nicht eingesetzt werden. Im Dezember 1943 wurde die Yamato und im März 1944 die Musashi torpediert. Beide waren bei den Schlachten in der Philippinen-See und bei Leyte wieder einsatzbereit. Im Oktober 1944 schien sich die Gelegenheit zu bieten, daß beide Schiffe zeigen konnten, wofür sie eigentlich ge-

Unten: Das niedrige und schmale Vorschiff führte dazu, daß bei hoher Fahrt viel Wasser überkam — wie hier bei der Yamato.

dacht waren: Yamato führte eine starke Schlachtschiff- und Kreuzergruppe durch die San Bernadino Straße, um US-Landungsverbände anzugreifen. Die amerikanischen Träger und schnellen Schlachtschiffe befanden sich nördlich davon.

Bei gründlicher Vorbereitung hätte der Einsatz zum Erfolg führen können, aber infolge fortwährender Luftangriffe in den vergangenen zwei Tagen hatten die Japaner empfindliche Verluste hinnehmen müssen. Dazu gehörte auch die von 11 bis 19 Torpedos getroffene und schließlich durch 17 direkte Bombentreffer versenkte Musashi. Der Vizeadmiral kehrte um, die US-Navy hatte lediglich einen Geleitträger und drei Zerstörer verloren. Im April 1945 lief die Yamato in Begleitung einiger Zerstörer mit Kurs auf die Kyushu-Inseln aus. Es war ein Kamikaze-Einsatz. Nach 11 bis 15 Torpedo- und sieben Bombentreffern versank sie in den Fluten.

Auch für zwei weitere Einheiten wurde der Kiel gestreckt: die Shinano wurde im November 1944 als Flugzeugträger fertig und fiel bereits bei den Probefahrten sechs Torpedos zum Opfer. Der Bau des Schiffes Nr. 111 wurde im November 1941 eingestellt, die Helling wurde für das vorgesehene Flugzeugträgerprogramm benötigt. Die Japaner hatten noch andere Pläne: Schlachtschiffe mit dem Kaliber 50,8 cm. Das erwies sich jedoch als unrealistisch und blieb nur Studie.

Die Yamato Ende 1944. Die Mittschiffs- 15,5 cm-Türme waren jetzt ersetzt durch 12,7 cm Flak.

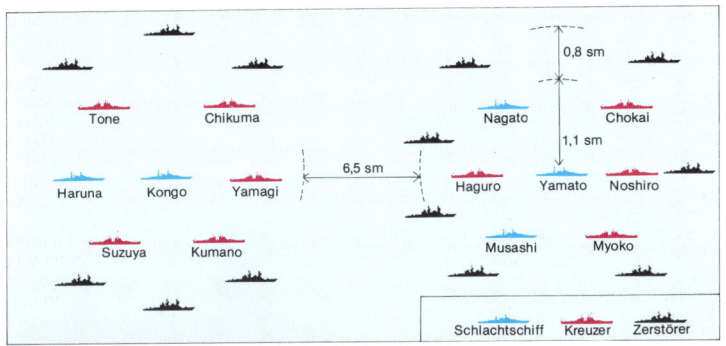

				0,8 sm
Tone	Chikuma		Nagato	Chokai
			1,1 sm	
Haruna	Kongo	Yamagi ←6,5 sm→	Haguro Yamato	Noshiro
Suzuya	Kumano		Musashi	Myoko

Schlachtschiff   Kreuzer   Zerstörer

Oben: Die japanische Schlachtflotte in Flugabwehrformation während der Passage der Sibuyansee: Vizeadmiral Kurita hatte bereits drei kampfstarke Schwere Kreuzer (einschl. seinem Flaggschiff Atago) durch Uboote verloren und seine Flagge auf der Yamato gesetzt. Dann verlor er die Musashi durch amerikanische Trägerflugzeuge und die meisten der übrigen Schweren Kreuzer. Den Japanern gelang lediglich die Versenkung des Geleitträgers Gambier Bay und dreier Zerstörer. Dann kehrten sie um und liefen zurück nach Japan.

Links: Die Yamato während eines Luftangriffs in der Schlacht im Leyte-Golf. Die 45,7 cm-Türme sind nach Backbord gedreht, beidseitig stehen sechs 12,7 cm-Zwillingslafetten und in Höhe des Oberdecks 25 mm-Drillingslafetten.

SOWJETUNION

Marat (ex Gangut)-Klasse

Namen: Marat, Oktyabrskaya Revolyutsiya, Parizhskaya Kommuna
Kiellegung: 1909
Fertigstellung: 1914/15
Verdrängung: 25.000-25.460 ts Standard, 26.170-26.690 ts Einsatz
Abmessungen: Länge über alles 184,9 m, Breite 26,9-32 m, Tiefgang 9,3-9,6 m
Maschinenanlage: Parsons-Turbinen, 22-25 Yarrow-Kessel (Oktyabrskaya Revolyutsiya 12 Yarrow-Normand-Kessel), 50.000-61.000 WPS, 4 Wellen, 23 kn
Panzerung: Gürtelpanzer 225-100 mm, Decks 38 mm und 37-25 mm, Barbetten 205 mm, Türme 205-105 mm, Kommandoturm 255-125 mm
Bewaffnung: 12x30,5 cm, 16x12 cm, 6x4,5 cm-Flak, 16-24x12,3 mm-Flak, 4x45 cm TR
Besatzung: 1.277-1.400.

Unten: Die Oktyabrskaya Revolyutsiya ex Gangut in den 30er Jahren . Bei der Modernisierung erhielt sie neue Kessel.

Entwicklungsgeschichte: Diese Dreadnoughts überlebten als einzige ihrer Art die Revolution. Die Philosophie der »Jungen sowjetischen Schule« der 20er und 30er Jahre lehnte Schlachtschiffe grundsätzlich ab, und folglich wurden die drei Schiffe nur geringen Modifizierungen unterzogen: Änderung der Brücke und Feuerleitanlagen, Aufstellung von zwei schweren Kränen zur Handhabung der Beiboote und von zwei Flugzeugen. Ein Katapult gab es nicht. Oktyabrskaya Revolyutsiya und wahrscheinlich auch Parizhskaya Kommuna erhielten neue Kessel und Maschinen, die Kessel der Marat wurden auf Ölfeuerung umgestellt.
Im Zweiten Weltkrieg wurden die Schiffe vorwiegend zur Feuerunterstützung eingesetzt: Oktyabrskaya Revolyutsiya und Marat beschossen 1939/40 finnische Küstenstellungen, dann trieb sie der schnelle deutsche Vormarsch nach Leningrad zurück, wo sie deutschem Beschuß ausgesetzt waren. Im September wurde Oktyabrskaya Revolyutsiya durch Artillerie beschädigt, und die Marat fiel den Bomben von Stukas zum Opfer. Ihre achteren Türme blieben jedoch intakt und fanden als stationäre Batterie Verwendung. 1943 wurde sie umbenannt in Petropavlovsk. Das Schwesterschiff wurde im April 1942 Opfer deutscher Bomber und blieb inaktiv. Die Parizhskaya Kommuna befand sich im Schwarzen Meer und beschoß 1941/42 deutsche Stellungen nahe Sevastopol. Nach Bombenangriffen zog man sie nach Poti zurück, wo sie bis Kriegsende ohne Reparatur verblieb. 1943 umbenannt in Sevastopol, wurde sie — wie die Oktyabrskaya Revolyutsiya — Mitte der 50er Jahre abgebrochen.

Rechts: Die Marat in Spithead aus einer anderen Perspektive. Die sowjetische »Junge Schule« lehnte Schlachtschiffe ab, weder die Marat noch ihre Schwesterschiffe wurden grundmodernisiert.

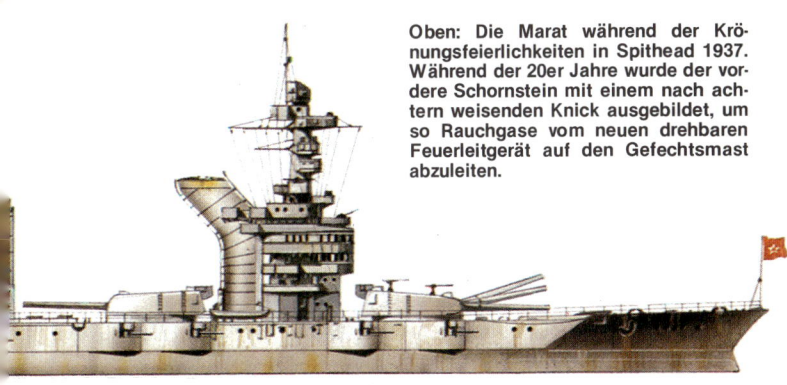

Oben: Die Marat während der Krönungsfeierlichkeiten in Spithead 1937. Während der 20er Jahre wurde der vordere Schornstein mit einem nach achtern weisenden Knick ausgebildet, um so Rauchgase vom neuen drehbaren Feuerleitgerät auf den Gefechtsmast abzuleiten.

Kirov-Klasse

Namen: Kirov, Frunze, Kalinin
Kiellegung: 1973/78
Fertigstellung: 1980/88
Verdrängung: 24.000 ts Standard, 28.000 ts Einsatz
Abmessungen: Länge 248 m, Breite 28 m, Tiefgang 8,8 m
Maschinenanlage: Conas: 2 Reaktoren mit ölbefeuerten Überhitzern, 120.000 WPS, 2 Wellen, 30 kn
Panzerung: Wahrscheinlich um die vorderen Raketenmagazine
Bewaffnung: 20x SS-N-19-SSM-Starter, 12 xSA-N-6-SAM-Starter (96 Raketen), 16xSA-N-8-SAM-Starter (96 Raketen, nur Frunze und Kalinin), 2xSA-N-4-SAM-Starter (40 Raketen, nur Kirov), 2x100 mm-DP auf Kirov, 2x130 mm-DP auf Frunze und Kalinin, 8x30 mm-Gatlings, 2xSS-N-4-ASW-Starter (14-16 Raketen, nur Kirov), 1x RBU 6000 ASW-Starter, 2 x RBU 1000 ASW-Starter, 8x53,3 cm-TR
Besatzung: 800

Unten: Das lange Vorschiff der Kirov nimmt die unter Deck angeordneten Startsilos der Hauptbewaffnung auf.

Oben: Im Hangar unter dem Achterdeck werden drei ASW- und Flugkörperleithubschrauber mitgeführt. Der Aufzug befindet sich vor dem Landeplatz.

Entwicklungsgeschichte: Obwohl von den Sowjets als Raketenkreuzertyp klassifiziert, wird diese Klasse von vielen den Schlachtkreuzern zugeordnet. Anstelle der schweren Geschütze ihrer Ahnen besitzen diese Schiffe eine kampfstarke Batterie von 20 weitreichenden Schiff/Schiff-Flugkörpern des Typs SS-N-19. Sie stehen in einem im Vorschiff unter Deck eingebauten Mehrboxenstartsystem. Die Zieldaten werden entweder von einer landgebundenen Leitstelle über einen Satelliten oder direkt von Überwachungssatelliten mit elektronischer Ausrüstung (Elint), Radar oder Infrarotsteuerung übermittelt. Die Raketen haben eine Reichweite von maximal 250-300 sm. Ihr Hauptziel sind vermutlich Trägerkampfgruppen. Die Schiffe verfügen über ein hochentwickeltes Luftabwehrsystem: See/Luft-Flugkörper des Typs SA-N-6, ein System mit großer Wirkung. Der Start erfolgt ebenfalls auf dem Vorschiff, die Starter werden durch unmittelbar vor den Boxen der SS-N-19 befindliche und rotierende Unterdecksmagazine versorgt. Jedes der 12 Magazine enthält acht Raketen. Ein neuartiges Flugleitsystem (TVM) erlaubt den Abschuß einer ganzen Raketenserie, um so mehrere Gegner gleichzeitig zu bekämpfen. Sie haben vermutlich eine Reichweite von mehr als 45 sm und eine Geschwindigkeit von Mach 5 bis 6. Das SA-N-6-System wird durch zwei Nahbereichsluftabwehrsysteme ergänzt: Typ SA-N-4, jedes mit einem Startgehäuse und Magazin für 18 bis 20 Raketen. Hinzu kommen zwei 100 mm-Einzellafetten (Frunze und Kalinin haben eine 130 mm-Doppellafette und für den Nahbereich Senkrechtstartbehälter eines neuen Systems, SA-N-9). Für die Nahbereichsflugkörperabwehr verfügen die Schiffe über vier Gruppen Gatling-Rohrwaffen, die an den vier Schiffsenden stehen.

Im Gegensatz zu den früheren echten Schlachtkreuzern verfügen diese sowjetischen

Links: Seitlich der Luken des Hubschrauberaufzuges stehen zur Flugkörperabwehr je zwei Paar 30 mm-Gatlings. Die hier abgebildete Kirov hat hinter den Aufbauten achtern zwei 100 mm-Mehrzweckeinzellafetten. Die Schwersterschiffe Frunze und Kalinin führen dort eine neue 130 mm-Doppellafette, erstmalig gesehen auf den Zerstörern der Sovremenny-Klasse.

Einheiten über ein U-Boot-Abwehrsystem. Die Kirov hat in die Back eingebaute und nachladbare Raketenstartgeräte des Typs SS-N-14-ASW und beide Einheiten drei weitere Raketenwerfersysteme und Torpedorohre sowie drei Hubschrauber des Typs »Ka-25-Hormone-A/B«. Es gibt ein großes Niederfrequenz-Bugsonargerät und im Heck ein variables LF-Tiefensonar. Die umfangreiche elektronische Ausrüstung umfaßt unter anderem zwei Überwachungsradarsysteme des Typs 3 D, außerdem Top Pair, Top Steer bzw. Top Plate und zahlreiche radargesteuerte Feuerleitsysteme für Flugkörper und Rohrwaffen.

TÜRKEI

Yavuz

Kiellegung: 1909
Fertigstellung: 1912
Verdrängung: 23.100 ts Standard, 25.200 ts Einsatz
Abmessungen: Länge über alles 186 m, Breite 29,5 m, Tiefgang 9,2 m
Maschinenanlage: Parsons-Turbinen ohne Getriebe, 24 Schultz-Thornycroft-Kessel, 52.000 WPS, 4 Wellen, 25,5 kn
Panzerung: Gürtelpanzer 270-100 mm, Decks 25 mm und 50 mm, Barbetten 250 mm, Türme 230-90 mm, Kommandoturm 350 mm
Bewaffnung: 10x28 cm, 10x15 cm, 4x8,8 cm, 4x8,8 cm-Flak, 2x50 cm-TR
Besatzung: 1.300.

Unten: Die Yavuz ex deutsch Goeben im Ersten Weltkrieg. Sie blieb während beider Kriege nahezu unverändert und stellte 1960 außer Dienst.

Unten: Blick von oben auf die Kirov. Die SS-N-19-Flugkörper sitzen in den senkrechten Startbehältern, deren 20 Luken direkt vor den vorderen Aufbauten sichtbar sind. Der Doppelstarter der SS-N-14-Flugkörper zur ASW sitzt hinter dem Wellenbrecher auf der Back, das Startgerät kann mittels unmittelbar davorliegender Schächte nachgeladen werden. Zwischen den SS-N-19-Starttuben und den SS-N-14-Luken liegen 12 weitere Luken. Diese gehören zum senkrecht drehenden Magazin der SA-N-6-Flugkörper. Jeder Magazinkreis nimmt acht Flugkörper auf, also sind es insgesamt 96 Raketen. Die Kirov gab den endgültigen Anstoß zur Wiederindienststellung der Iowa-Klasse.

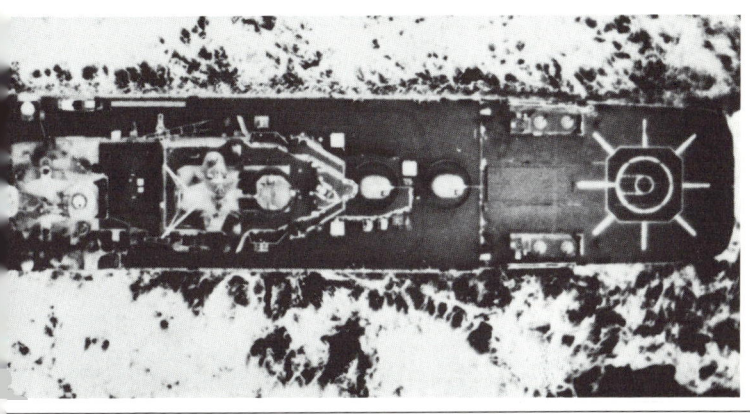

Entwicklungsgeschichte: Gebaut als deutscher Großer Kreuzer Goeben. Die Yavuz behielt ihr ursprüngliches Aussehen bis 1941, dann erhielt sie 10x40 mm- und 4x20 mm-Flak. Später wuchs die Flakausrüstung für den Nahbereich auf 22x40 mm und 24x20 mm. Dabei enfernte man den Großmast und vergrößerte so den Bestreichungswinkel der Flak. Die Yavuz blieb bis 1960 in Dienst und wurde 1971 abgewrackt.

Oben: Bei Kriegsende 1945 wurde der Großmast der Yavuz enfernt, um so ein besseres Schußfeld für die Flak zu erhalten. Zu beachten ist die sehr niedrige Brückenstruktur, die Antennenspreizen am hinteren Schornstein und die Kenn-Nummer B70. Die Mittschiffstürme standen versetzt.

USA

Arkansas

Kiellegung: 1910
Fertigstellung: 1912
Verdrängung: 26.100 ts Standard, 31.000 ts Einsatz
Abmessungen: Länge über alles 170,3 m, Breite 32,3 m, Tiefgang 9,7 m
Maschinenanlage: Parsons-Turbinen, 4 White-Foster-Kessel, 28.000 WPS, 4 Wellen, 20,5 kn
Panzerung: Gürtelpanzer 280-125 mm, Decks 50 mm und 75 mm, Barbetten 280 mm, Türme 305-230 mm, Kommandoturm 305 mm
Bewaffnung: 12x30,5 cm, 16x15,2 cm, 8x7,62 cm-Flak
Besatzung: 1.330

Oben: Eine Kriegsaufnahme der Arkansas. Sie wurde zwischen Dezember 1941 und April 1944 überwiegend im atlantischen Geleitdienst eingesetzt.

Entwicklungsgeschichte: Die Arkansas und ihr Schwesterschiff Wyoming waren die letzten US-Schlachtschiffe mit 30,5 cm-Geschützen. 1925/27 wurden sie umfassend umgebaut: Ersatz der 12 Kohlekessel durch vier Ölkessel, Wegfall des zweiten Schornsteins, Ersatz des Gittergroßmastes durch einen Dreibeinmast, Anbau von Torpedowulsten und Verstärkung des Horizontalschutzes; dazu: Versetzen der vorderen 12,7 cm-MA auf das Oberdeck, um sie auch bei Seegang einsetzen zu können, Aufstellung von 7,62 cm-Flak und eines Katapultes.
1932 wurde die Wyoming entmilitarisiert, und wenn nicht der Krieg ausgebrochen wäre, hätte der Arkansas gleiches geblüht. In einer Werftzeit 1940/41 wurde die Rohrerhöhung der SA von 15° auf 30° gesteigert.
Im Juli 1941 deckte die Arkansas die Landung auf Island und versah von Dezember 1941 bis April 1944 Geleitdienst zwischen den USA, Europa und Nordafrika. Bei einer von März bis Juli 1942 in der Marinewerft New York durchgeführten Werftzeit kamen sechs 12,7 cm-Geschütze von Bord und die Flak wurde auf 10x7,62 cm, 32x40 mm und 26x20 mm verstärkt. Auch der vordere Gittermast wurde durch einen Dreibeinmast ersetzt und installiert wurden Überwachungs- und Feuerleitradaranlagen.
Die Arkansas bombardierte bei der Normandielandung Cherbourg und kehrte im September 1944 nach den USA zurück, verlegte dann in den Pazifik und war an den Kämpfen um Iwo Jima und Okinawa beteiligt. Sie endete als Zielschiff bei den Atombombentests.

Oben: Die Wyoming im Jahre 1944 als Flak-Schulschiff. Ihr Seitenpanzer und die gesamte SA und MA waren ausgebaut und durch 12,7 cm-, 7,62 cm- und 40 mm-Flak ersetzt.

Unten: Die Arkansas im April 1944. Zu dieser Zeit war sie übersät mit 40 mm- und 20 mm-Flak. Sie unterstützte die Normandielandung und verlegte dann in den Pazifik.

USA

Texas-Klasse

Namen: New York/BB 34, Texas/BB 35
Kiellegung: 1911
Fertigstellung: 1914
Verdrängung: 27.000 ts Standard, 32.000 ts Einsatz
Abmessungen: Länge über alles 174,70 m, Breite 32,40 m, Tiefgang 9,60 m
Maschinenanlage: Kolbendampfmaschinen, 6 Bureau-Express-Kessel, 28.100 PSi, 2 Wellen, 21 kn
Panzerung: Gürtelpanzer 305-150 mm, Decks 95 mm und 75 mm, Barbetten 305 mm, Türme 355-205 mm, Kommandoturm 305 mm
Bewaffnung: 10x35,6 cm, 16x12,7 cm, 8x7,62 cm-Flak
Besatzung: 1.314

Rechts: Die New York zwischen Ende 1942 und Anfang 1944. In dieser Zeit war sie gemeinsam mit der Texas im atlantischen Geleitdienst eingesetzt und unterstützte Landungsunternehmen mit Beschießungen. Die New York war an der Zerstörung des französischen Schlachtschiffes Jean Bart in Casablanca beteiligt.

Entwicklungsgeschichte: Beide Schiffe waren eine verbesserte Ausgabe der vorangegangenen Klasse, allerdings mit 35,6 cm-Zwillingstürmen. Überraschend war die Rückkehr zum Kolbenmaschinenantrieb. In der US-Navy war man der Auffassung, diese Antriebsart sei wirtschaftlicher als die Turbinen des gegenwärtigen Standards. 1926 unterzog man beide ähnlichen Umbauten wie bei den Vorgängern: neue Kessel, Aufstellung einer 7,62 cm-Flak, Aufbau eines Katapultes für drei Flugzeuge, Ersatz der Gittermasten durch Dreibeinmasten. Ende der 30er Jahre sollten beide Schulschiffe werden, aber der europäische Krieg bewirkte weitere Modernisierungen: 1940/41 wurde die Rohrerhöhung der SA von 15° auf 30° gesteigert.
1942/43 waren beide vorwiegend im Geleitdienst USA/Europa/Nordafrika eingesetzt. Im November deckten sie die Landungen bei Casablanca; bei der Normandielandung im Juni 1944 und Landung in Südfrankreich im August 1944 war die Texas dabei. Zu dieser Zeit hatten sie eine Nahbereichsflak von 24x40 mm und 36 bis 42x20 mm. Dann verlegten beide in den Pazifik und waren an den Landungen auf Iwo Jima und Okinawa beteiligt. Die New York wurde dabei durch Kamikaze beschädigt und endete als Ziel bei den Atombombentests. Die Texas wurde konserviert und liegt heute als Museumsschiff im San Jacinto State Park, nahe Houston.

Unten: Die Texas im Jahre 1942. Ihre Flak bestand aus einer großen Zahl 40 mm- und 20 mm-Kanonen.

Oben: Die Texas im April 1944 kurz vor ihrem Einsatz vor der Normandie. Dann verlegte sie mit der New York in den Pazifik.

USA

Nevada-Klasse

Namen: Nevada/BB 36, Oklahoma/BB 37
Kiellegung: 1912
Fertigstellung: 1916
Verdrängung: 29.070 ts Standard, 34.000 ts Einsatz
Abmessungen: Länge 177,7 m, Breite 32,9 m, Tiefgang 9 m
Maschinenanlage: Nevada Curtis-Turbinen, Oklahoma Kolbendampfmaschinen, 6 Bureau-Express-Kessel, 26.500 WPS/24.800 PSi, 2 Wellen, 20,5 kn

Oben: Im Februar 1942 wurde die in Pearl Harbor von einem Torpedo und fünf Bomben getroffene Nevada nach Puget Sound geschleppt. Hier erfolgte der Totalumbau: Ersatz der MA durch moderne 12,7 cm/L 38 und vierrohrige 40 mm-Flak.

Oben: Die Nevada im April 1937. Die vormaligen Gittermasten hatten kräftigen Dreibeinmasten Platz gemacht. Die Nevada war das erste Schlachtschiff mit dem »Alles oder Nichts«-Schiffsschutzsystem und auch das erste US-Schlachtschiff mit Drillingstürmen.

Panzerung: Gürtelpanzer 345-205 mm, Decks 75 mm und 38 mm, Barbetten 345 mm, Türme 460-125 mm, Kommandoturm 406 mm
Bewaffnung: 10x35,6 cm, 12x12,7 cm, 8x12,7 cm-Flak
Besatzung: 1.301

Entwicklungsgeschichte: Diese Klasse erhielt als erste in der Welt das »Alles oder Nichts«-Schiffsschutzsystem. Die Verwendung von Drillingstürmen und Ölkesseln ermöglichte eine kurze Zitadelle. Die Anordnung der Maschinenanlage war enger als bei den Vorgängern und erlaubte nur einen Schornstein. Die Nevada erhielt Turbinen, die Oklahoma letztmalig Kolbenmaschinen.
1927/29 wurden beide umgebaut: Erneuerung der Kessel, Wegfall der Gittermasten und dafür Dreibeinmasten, Verstärkung des Horizontalschutzes, Anbau von Torpedowulsten, Änderung der Rohrerhöhung der SA von 15° auf 30°, Versetzen der MA um ein Deck höher, Einbau neuer Flak, Aufbau von zwei Katapulten für drei Flugzeuge. Im Dezember 1941 lagen beide Schiffe in Pearl Harbor. Die Oklahoma kenterte nach vier Torpedotreffern, wurde 1943 gehoben, kam aber nie wieder in Dienst. Die Nevada wurde von einem Lufttorpedo und vier Bomben getroffen und sackte auf Grund. Nach Hebung wurde sie in der Marinewerft Puget Sound wieder hergestellt und kam im Frühjahr 1943, erheblich anders aussehend, wieder in Dienst. Die alte MA und Flak waren ausgebaut und durch neue in Doppeltürmen stehende 12,7 cm/L 38-Geschütze ersetzt. Durch anders angeordnete Aufbauten hatten die Waffen ein gutes Schußfeld. Hinzu kamen 36x40 mm und 38x20 mm. Im Anschluß an Geleitaufgaben zwischen den USA und Großbritannien unterstützte Nevada die Normandielandung, verlegte dann in den Pazifik und nahm an den Landungen auf Iwo Jima und Okinawa teil. Nach dem Krieg fand sie als Zielschiff Verwendung.

Unten: Die Nevada im Jahre 1944 nach dem Umbau in Puget Sound. Nach Unterstützung der Landungen in Europa kehrte sie Anfang 1945 in den Pazifik zurück. Das Flugzeug auf dem Heckkatapult ist vom Typ »Vought OS 2 U Kingsfisher«.

USA

Pennsylvania-Klasse

Namen: Pennsylvania/BB 38, Arizona/BB 39
Kiellegung: 1913/14
Fertigstellung: 1916
Verdrängung: 33.100-32.600 ts Standard, 36.500 ts Einsatz
Abmessungen: Länge über alles 185,3 m, Breite 32,4 m, Tiefgang 9,2 m
Maschinenanlage: Curtis-Parsons-Turbinen, 6 Bureau-Express-Kessel, 33.750 WPS, 4 Wellen, 21 kn
Panzerung: Gürtelpanzer 355-205 mm, Decks 100 mm und 50 mm, Barbetten 355 mm, Türme 460-125 mm, Kommandoturm 406 mm
Bewaffnung: 12x35,6 cm, 12x12,7 cm, 8x12,7 cm-Flak
Besatzung: 1.358

Unten: Die Pennsylvania im Januar 1945 im Lingayen Golf. Die Rohre der 1943 eingebauten 12,7 cm/L 38-Geschütze weisen steil nach oben.

Oben: Die Pennsylvania 1943 nach einer Grundüberholung, bei der sie neue Flak und Feuerleitradargeräte erhielt.

Unten: Die Pennsylvania während des Krieges im Schwimmdock. Nahezu alle Schlachtschiffe des Ersten Weltkrieges erhielten in den 20er und 30er Jahren Torpedowulste. Diese wurden angebaut, um den ersten Schub einer Unterwasserdetonation aufzufangen und außerdem den Restauftrieb und die Stabilität der Schiffe, deren Horizontalschutz verstärkt worden war, zu erhöhen.

Entwicklungsgeschichte: Diese Klasse war die konsequente Weiterentwicklung der Nevada-Klasse, jedoch mit vier Drillingstürmen der SA und verbessertem Schiffsschutz. 1929/31 wurden beide ähnlich der Nevada-Klasse umgebaut: neue Kessel, Verbesserung Horizontalschutz, Ersatz der Gittermasten durch Dreibeinmasten, Steigerung der Rohrerhöhung der SA von 15° auf 30°. Versetzen der 12,7 cm-MA auf Backdecksebene und Aufstellung von acht 12,7 cm-FLak. 1940 kamen weitere 12,7 cm-Flak hinzu.

Im Dezember 1941 lagen beide in Pearl Harbor. Die Arizona wurde von einem Torpedo und acht Bomben getroffen und sank nach einer Magazinexplosion. Sie wurde nie wieder gehoben und 1942 zum Nationaldenkmal. Die Pennsylvania lag im Trockendock und erhielt einen Bombentreffer. Nach Wiederherstellung verrichtete sie Geleitdienst und Ausbildung vor der Westküste der USA. Ab Oktober 1942 wurde sie in der Marinewerft Mare Island umgebaut und verließ diese mit einer neuen Mehrzweckbatterie als MA: 16x12,7 cm/L 38 und einer Nahbereichsflak von 40x40 mm und etwa 50x20 mm. Von November 1943 bis Oktober 1944 nahm sie an allen wichtigen Landungsunternehmen im Pazifik teil und war an der Versenkung der beiden japanischen Schlachtschiffe Fuso und Yamashiro in der Surigao Straße beteiligt. Im August 1945 traf sie vor Wake Island ein Lufttorpedo und wurde abgeschleppt. Sie endete bei den Atombombentests.

New Mexico-Klasse

Namen: New Mexico/BB 40, Mississippi/BB 41, Idaho/BB 42
Kiellegung: 1915
Fertigstellung: 1917/19
Verdrängung: 33.000-33.400 ts Standard, 35.100-36.150 ts Einsatz
Abmessungen: Länge über alles 190,2 m, Breite 29,7 m, Tiefgang 10,4 m
Maschinenanlage: Westinghouse-Getriebeturbinen, 6 Bureau-Express-Kessel, New Mexico 4 White-Foster-Kessel, 40.000 WPS, 4 Wellen, 21,5 kn
Panzerung: Gürtelpanzer 355-205 mm, Decks 150 mm und 100 mm, Barbetten 355 mm, Türme 460-125 mm, Kommandoturm 406 mm
Bewaffnung: 12x35,6 cm, 12x12,7 cm, 8x12,7 cm-Flak
Besatzung: 1.323

Entwicklungsgeschichte: Allgemein basierte der Entwurf auf der vorangegangenen Klasse, hatte aber eine verbesserte innere Unterteilung und neue 35,6 cm-Geschütze. Mit dieser Klasse führte die US-Navy den turboelektrischen Antrieb ein. 1931/34 Generalumbau aller drei Einheiten: neue Kessel und Maschinen, Verbesserung des Horizontalschutzes, Anbau von Torpedowulsten, Ersatz der Gittermasten durch eine moderne Turmbrückenstruktur und einen leichten Pfahlmast als Großmast. Hinzu kamen 12,7 cm-Flak.
Während des Angriffs auf Pearl Harbor befanden sich die drei Schiffe im Atlantik. Da sie unter den älteren US-Schlachtschiffen dem letzten Entwicklungsstand entsprachen, unterzog man sie nur geringen Änderungen. Zusätzlich kamen 36 bis 56x40 cm-

Oben: Eine Vorkriegsaufnahme der New Mexico nach dem Umbau Anfang der 30er Jahre. Diese Klasse wurde als einzige vor dem Zweiten Weltkrieg umfassend modernisiert, unter anderem mit einer neuen Maschinenanlage und einer Turmbrücke britischen Stils.

Oben: Die Mississippi in See. Gut sichtbar die geänderte Brückenstruktur und die Feuerleitanlagen, beides aus den Jahren 1931/32. Zu beachten ist das später ausgebaute Katapult auf Turm X.

und 14 bis 44x20 mm-Flak an Bord. Die Mississippi hatte außerdem noch sechs 12,7 cm/L 25-Flak zusätzlich. Die Idaho besaß als einziges Schiff eine moderne Mehrzweckbatterie von 10x12,7 cm/L 38-Einzeltürmen.

1942 verlegten sie in den Pazifik und waren an den Landungsunternehmungen beteiligt: zuerst im Mai/Juli 1943 bei den Aleuten. Die Mississippi nahm an der Schlacht in der Surigao Straße und im Leyte Golf teil. Alle drei trugen in den letzten Kriegsmonaten Schäden durch Kamikaze und normale Bombenangriffe davon. Die New Mexico und die Idaho wurden nach dem Krieg zum Abbruch verkauft, die Mississippi diente 1952 bis 1956 als Versuchsschiff für Lenkwaffen, unter anderem für den Prototyp des »Terrier«-Systems auf dem Achterdeck.

Oben: Eine spätere Aufnahme eines Schiffes der New Mexico-Klasse mit nach Backbord gedrehten Türmen X und Y. Das Flugzeug auf dem Steuerbord-Katapult ist vom Typ »Vought OS 2 U«.

Unten: Aussehen der Mississippi im Januar 1945 vor Luzon.

Tennessee-Klasse

Namen: California/BB 44, Tennessee/BB 43
Kiellegung: 1916/17
Fertigstellung: 1920/21
Verdrängung: 32.300-32.600 ts Standard, 35.190 ts Einsatz
Abmessungen: Länge über alles 190,4 m, Breite 29,7 m, Tiefgang 10,7 m
Maschinenanlage: Turboelektrischer Antrieb: Curtis-Westinghouse-Turbinen, 8 Bureau-Express-Babcock & Wilcox-Kessel, 28.500 WPS, 4 Wellen, 21 kn

Oben: Die Tennessee nach ihrem Umbau. Die Aufbauten orientierten sich in ihrer Struktur an der South Dakota-Klasse, und sie hatte eine neue MA aus 12,7 cm/L 38-Mehrzweckzwillingstürmen erhalten. Die 40x40 mm-Flak bestand aus Vierlingen. Das große Luftüberwachungsradar ist vom Typ SK.

Panzerung: Gürtelpanzer 355-205 mm, Decks 90 mm und 50 mm, Barbetten 355 mm, Türme 460-125 mm, Kommandoturm 406 mm
Bewaffnung: 12x35,6 cm, 12x12,7 cm, 8x12,7 cm-Flak
Besatzung: 1.480

Entwicklungsgeschichte: Diese Klasse war eine Weiterentwicklung der New Mexico-Klasse, jedoch mit einer Reihe wichtiger Modifizierungen: Glattdeckschiffskörper (einschl. der Seiten, somit Platz für die Postierung der MA in Backdecksebene), bessere Raumaufteilung im Innern. Langjährige Diskussionen in der Marine über das beste Antriebssystem führten auch bei dieser Klasse zum turboelektrischen Antrieb. Den Dampf lieferten in acht Kesselräumen stehende Kessel, und dieser beaufschlagte zwei Turbo-Wechselstromgeneratoren mit je 15.000 kVA, die ihrerseits vier E-Motoren

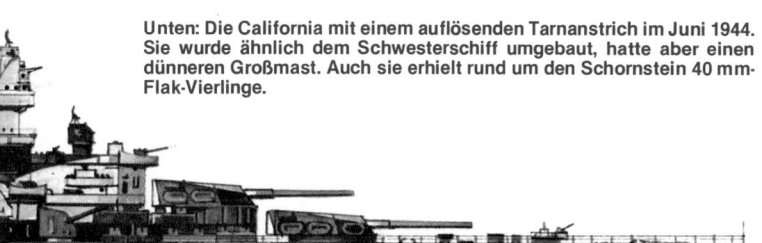

Unten: Die California mit einem auflösenden Tarnanstrich im Juni 1944. Sie wurde ähnlich dem Schwesterschiff umgebaut, hatte aber einen dünneren Großmast. Auch sie erhielt rund um den Schornstein 40 mm-Flak-Vierlinge.

von je 4.300 kW antrieben. Sie waren direkt auf die zugehörige Welle gekuppelt. Wegen der Verwundbarkeit durch Treffer befanden sich die Generatoren und elektrischen Hilfsmaschinen in den Kesselräumen, die jeweils als wasserdichte Abteilung gebaut waren. Diese Anordnung zwang allerdings zur Rückkehr zum zweiten Schornstein. Gegenüber dem normalen Dampfantrieb hatte der turboelektrische Antrieb gewisse Vorteile: Wegfall der Rückwärtsturbinen (als wichtigster Faktor), leichtes Umschalten des Systems bei Ausfall eines Kessels oder Generators, so daß die Leistung weiter voll auf alle Wellen abgegeben werden konnte. Der Hauptnachteil war das Gewicht, das Ausmaß der Anlage und die Verwundbarkeit im Gefecht. Bei der Entwicklung der schnellen Schlachtschiffe in den 30er Jahren kehrte man zum alten Antriebssystem zurück.

In den 20er und 30er Jahren kamen zwei Katapulte für drei bis vier Flugzeuge und moderne Flak auf jedes Schiff. 1939 wurden weitere Gelder für zusätzliche Modifizierungen bewilligt. Die politische Lage erforderte jedoch volle Einsatzbereitschaft für die California und die Tennessee, und so lagen beiden im Dezember 1941 in Pearl Harbor. Die Tennessee erhielt nur zwei leichte Bombentreffer und blieb zur Reparatur in Hawaii. Erst im September 1942 verlegte sie zum Umbau in die Marinewerft Puget Sound. Die California wurde von zwei Torpedos und drei Bomben getroffen und sackte auf Grund. Im März 1942 hob man sie und schleppte sie zum gleichzeitigen Umbau nach Puget Sound. Der Umbau beider Einheiten umfaßte zusätzlichen Horizontalschutz, feste, vom Schiffsboden bis zum Oberdeck reichende Torpedowülste, Ausnutzung des dadurch gewonnenen breiteren Decks zur Aufstellung moderner Flak mit 16x12,7 cm/L 38-Mehrzweckgeschützen, 40 bis 56x40 mm und 48 bis 52x20 mm. Die Aufbauten paßten sich äußerlich der South Dakota-Klasse an: breiter in den Turmmast integrierter Schornstein, dünner Pfahlmast als Großmast. Die Tennessee stellte im Mai 1943 erneut in Dienst und nahm an dem Unternehmen gegen die Aleuten teil. Die California kehrte wegen der großen Schäden erst im Januar 1944 zur Flotte zurück. Beide Schiffe unterstützten die Landungen im Pazifik und wurden im August 1944 vor Saipan durch japanische Küstenbatterien leicht beschädigt. Beide waren an den Kämpfen in der Surigao Straße und beim Leyte Golf dabei. Im Januar 1945 wurde die California durch einen Kamikaze getroffen und der Tennessee erging es im April vor Okinawa ähnlich. Mit Kriegsende Überführung in die Reserve zur eingemotteten Flotte, 1959 Verkauf zum Abbruch.

Oben: Die Tennessee im April 1945 vor Okinawa mit nach Steuerbord gedrehten Türmen der SA. Ungewöhnlich ist die Breite dieser Schiffe und die rund um die Aufbauten postierten 20 mm-Oerlikon-Einzellafetten.

Unten: Okinawa unter dem Beschuß der 35,6 cm-Türme der Tennessee. Die Landungsboote haben Kurs auf die Küste. Beide Einheiten wurden für diese Zwecke eingesetzt.

USA

Maryland-Klasse

Namen: Colorado/BB 45, Maryland/BB 46, West Virginia/BB 48
Kiellegung: 1917/20
Fertigstellung: 1921/23
Verdrängung: 31.500-32.500 ts Standard, 39.100-40.400 ts Einsatz
Abmessungen: Länge über alles 190,2 m, Breite 29,7 m, Tiefgang 10,7 m
Maschinenanlage: Turboelektrischer Antrieb: Westinghouse-Curtis-Turbinen, 8 Babcock & Wilcox-Kessel, 28.900 WPS, 4 Wellen, 21 kn
Panzerung: Gürtelpanzer 406-205 mm, Decks 90 mm und 50 mm, Barbetten 406-355 mm, Türme 460-125 m, Kommandoturm 406 mm
Bewaffnung: 8x40,6 cm, 12x12,7 cm, 8x12,7 cm-Flak
Besatzung: 1.407

Entwicklungsgeschichte: Die drei Einheiten dieser Klasse — eine vierte, die Washington, mußte aufgrund des Washingtoner Abkommens abgebrochen werden — waren fast identisch mit der Tennessee-Klasse und sind mit dieser als eine Gruppe zu betrachten. Bei der US-Navy wurden die Schiffe als die »Großen Fünf« bezeichnet. Zur Zeit des Angriffs auf Pearl Harbor waren sie der Kern der Pazifikflotte. Der Hauptunterschied beider Klassen lag bei der SA: hier 40,6 cm-Zwillingstürme, Tennessee-Klasse 35,6 cm-Drillingstürme. Sie waren die »Antwort« auf die 1916/17 auf Stapel gelegte japanische Nagato-Klasse. Entsprechend dem größeren Kaliber war auch der Gürtelpanzer dicker. Ähnlich den Vorgängern, wurden auch bei ihnen keine Änderungen in der Vorkriegszeit vorgenommen; in den 20er Jahren erhielten sie lediglich moderne Flak, zwei Katapulte und drei Flugzeuge. 1939 wurden wegen des europäischen Krieges zwar Gelder für einen Generalumbau bewilligt, der unterblieb jedoch wegen des Pazifikkrieges, die 1941 in die Werft verlegte Colorado wurde sogar schleunigst wieder einsatzbereit gemacht. Beim japanischen Angriff auf Pearl Harbor lagen Maryland und West Virginia im Hafen. Erstere erlitt nur leichte Bombenschäden und war im Februar 1942 wieder einsatzbereit. Die West Virginia hatte weniger Glück und sank nach sechs Torpedo- und zwei Bombentreffern auf Grund. Aufgrund ihres relativ modernen

Oben: Die West Virginia und die Tennessee nach dem japanischen Angriff auf Pearl Harbor. Die Tennessee wurde nur wenig beschädigt (zwei Bomben), aber die außen liegende West Virginia erhielt zwei Bomben- und mindestens sechs Torpedotreffer und sackte auf Grund. Beide wurden anschließend bei der Wiederherstellung modernisiert.

Unten: Das Schlachtschiff West Virginia vor dem Krieg: schlanke Schornsteine und zwei schlanke Gittermasten. Beachte den Klipperbug.

Rüststandes wurde sie im Mai 1942 gehoben und in Puget Sound einem Totalumbau unterzogen. Dabei wuchs ihre Breite auf 34,8 m. Die Aufbauten wurden in ihrer Struktur der South Dakota-Klasse angeglichen und zur Aufstellung kamen 16x12,7 cm/L 38-Geschütze in Mehrzweckzwillingslafetten. Hinzu kamen 40x40 mm und 50x20 mm. Die Maryland und die Colorado erhielten während des Krieges nur sporadische Änderungen: Verstärkung Horizontalschutz, Anbau von Torpedowulsten. Auf beiden wurde 1942 die MA-Batterie auf 10x12,7 cm vermindert, und die ältere 12,7 cm/L 25-Flak ersetzte man durch 12,7 cm/L 38-Kanonen. Obwohl für diese Türme zur Verfügung standen, versah man sie mit Schilden. Die Nahbereichsflak bestand aus 16x40 mm und 32x20 mm und wurde später verstärkt auf 40x40 mm bzw. reduziert auf 18x20 mm. Der Gittergroßmast wurde verkürzt, noch später ersetzte man ihn durch einen kurzen Turm mit Stenge.

Die Colorado und die Maryland versahen 1942/43 überwiegend Geleitaufgaben und waren zum Schutz der Fidschi Inseln und Neuen Hebriden eingesetzt. Ab November

Unten: Die Colorado im April 1944. Der Gittergroßmast war zu dieser Zeit abgebaut, und sie führte acht 12,7 cm/L 38-Mehrzweckgeschütze hinter Schilden.

1943 deckten sie Landungen. Im Juli 1944 wurde die Maryland vor Saipan durch einen Lufttorpedo beschädigt und im Juli die Colorado vor Tinian durch japanische Küstenbatterien. Ab November waren sie wieder einsatzklar. In dieser Zeit stellte auch die West Virginia erneut in Dienst. Sie und die Maryland waren bei der Schlacht in der Surigao Straße und im Leyte Golf dabei. 1945 wurden alle drei Schiffe von Kamikaze getroffen. Während der Reparatur erhielt die Maryland eine neue Mehrzweckbatterie aus 16x12,7 cm/L 38-Zwillingstürmen. Bei Kriegsende Überführung aller drei in die Reserve und 1959 Verkauf zum Abbruch.

Unten: Die Maryland im August 1944. Die 12,7 cm-Einzelflak war ersetzt durch Doppellafetten. Alle standen auf einer Ebene.

USA

North Carolina-Klasse

Namen: North Carolina/BB 55, Washington/BB 56
Kiellegung: 1937/38
Fertigstellung: 1941
Verdrängung: 37.500 ts Standard, 44.400 ts Einsatz
Abmessungen: Länge über alles 222,1 m, Breite 33 m, Tiefgang 10 m
Maschinenanlage: General Electric-Getriebeturbinen, 8 Babcock & Wilcox-Kessel, 121.000 WPS, 4 Wellen, 28 kn
Panzerung: Gürtelpanzer 305-165 mm, Decks 38 mm und 140 mm, Barbetten 406-375 mm, Türme 406-180 mm, Kommandoturm 406-180 mm
Bewaffnung: 9x40,6 cm, 20x12,7 cm-Mehrzweck, 16x28 mm-Flak
Besatzung: 1.880

Entwicklungsgeschichte: Diese waren die ersten, nach Ablauf der im Washingtoner Abkommen auferlegten Zwangspause für die US-Navy neu gebauten Großkampfschiffe. Die Entwürfe waren bereits Anfang der 30er Jahre gefertigt worden, aber die USA hatten noch abgewartet, was die Briten und Japaner machen würden. Die ersten Studien orientierten sich an den bereits vorhandenen US-Schlachtschiffen und waren nur auf den neuesten Stand gebracht: Kampfkraft und Standfestigkeit auf Kosten der Geschwindigkeit. 1935 sah sich das Konstruktionsbüro jedoch gezwungen, den Bau der europäischen schnellen Schlachtschiffe näher zu betrachten, und man entschied sich für Schiffe, die gemeinsam mit Flugzeugträgern operieren konnten.
Ein erster Vorschlag für ein Schiff mit 30 kn und neun 35,6 cm-Geschützen wurde verworfen, man war für mehr Kampfkraft: 11, später 12x35,6 cm und mit 27 kn. Als die Japaner dem Kaliber 35,6 cm jedoch ihre Zustimmung versagten, beriefen sich auch die USA auf die Gleitklausel des Vertrages und änderten die SA um in neun 40,6 cm in Drillingstürmen. Die Verdrängung entsprach mit 35.000 ts der Vertragsbegrenzung, und folglich war es unmöglich, die Panzerstärke anzugleichen. Es blieb beim Schutz gegen 35,6 cm-Geschosse.
Bis auf einige Änderungen entsprach der Schiffsschutz dem »Alles oder Nichts«-System: der Seitenpanzer erhielt eine Böschung und das Oberdeck zum Zerbrechen von Bomben und steil einfallenden Geschossen eine 38 mm-Beplattung. Für die geforderte hohe Geschwindigkeit wählte man leichtgewichtige Turbinen. Die Anordnung der Anlage war so, daß bei Treffern der Schaden begrenzt werden konnte. Erstmalig sah man auf einem US-Schlachtschiff eine MA-Mehrzweckbatterie aus 20x12,7 cm/L 38 vor. Die 28 mm-Vierlings-Flak wurde bei Fertigstellung Ende 1942 durch 40x40 mm und bis zu 54x20 mm ersetzt. Um 1943 hatte sich die Zahl der 40 mm auf 52 bis 60 Geschütze erhöht. Auf der Washington waren es bei Kriegsende sogar 96. Für drei Flugzeuge standen zwei Katapulte zur Verfügung.

Rechts: Eine Bugansicht der North Carolina, wahrscheinlich aus dem Jahre 1945. Das Luftüberwachungsradar ist vom Typ SK-2.

Unten: Die North Carolina Mitte 1944 auf dem Marsch. Das Schiff hat ein auflösendes Tarnschema.

Beide Schiffe stellten kurz vor Ausbruch des Pazifikkrieges in Dienst und waren im Frühjahr 1942 einsatzbereit. Im März wurde die Washington der britischen Home Fleet zugeteilt und sicherte Geleite nach Murmansk. Im Juni kehrte sie in den Pazifik zurück. Beide Schiffe waren bei den Kampfhandlungen bei den Salomonen dabei: im September nahm die North Carolina an der Schlacht in den östlichen Salomonen teil, wo sie bei einem Einsatz mit dem Träger Wasp, der unterging, einen Torpedotreffer vom U-Boot I 15 erhielt. Gemeinsam mit der South Dakota versenkte sie in der Nachtschlacht von Guadalcanal das japanische Schlachtschiff Kirishima. Ab November 1943 waren beide im Verband der schnellen Trägerkampfgruppe beim Inselspringen dabei und gaben den Trägern Flakschutz und den Landungsverbänden Feuerschutz. Teilnahme an der Schlacht in der Philippinen See und an den letzten trägergestützten Luftangriffen auf Japan.

Nach Kriegsende wurde die Washington in die Reserve überführt und 1960 zum Abbruch verkauft. Die North Carolina wurde Schulschiff und 1961 schließlich Museumsschiff im Bundesstaat, dessen Namen sie trägt.

Unten: Die North Carolina im Juni 1942. Bei Fertigstellung besaß sie nur eine leichte Flak aus vier vierrohrigen 28 mm-Kanonen.

Oben: Die Washington im November 1943. Zu dieser Zeit besaß sie eine große Zahl von 40 mm- und 20 mm-Flak. Obwohl ihr Entwurf noch den Vertragsgrenzen unterlegen hatte, erwiesen sich diese Einheiten zufriedenstellender als die South Dakota-Klasse.

Unten: Die North Carolina im April 1942. Auf dem Katapult ist eine »Vought OS 2 U Kingfisher« kurz vor dem Start.

USA

South Dakota-Klasse

Namen: South Dakota/BB 57, Indiana/BB 58, Massachusetts/BB 59, Alabama/BB 60
Kiellegung: 1939/40
Fertigstellung: 1942
Verdrängung: 38.000 ts Standard, 44.500 ts Einsatz
Abmessungen: Länge über alles 207,3 m, Breite 33 m, Tiefgang 10,7 m
Maschinenanlage: General Electric-Getriebeturbinen, 8 Babcock & Wilcox-Kessel, 130.000 WPS, 4 Wellen, 27,5 kn
Panzerung: Gürtelpanzer 310 mm, Decks 38 mm und 150 mm, Barbetten 440-285 mm, Türme 455-185 mm, Kommandoturm 406-185 mm
Bewaffnung: 9x406 cm, 16-20x12,6 cm-Mehrzweck, 24-32x40 mm-Flak, 30-56x20 mm-Flak
Besatzung: 1.793

Entwicklungsgeschichte: Diese Klasse war der Versuch einer Kombination auf der Grundlage des Washington-Abkommens: Schutz gegen 40,6 cm-Geschosse, Kampfkraft wie die North Carolina-Klasse, aber keine größere Verdrängung als 35.000 ts.
Das Ergebnis dieses Kompromisses war ein vollgestopftes Schiff, das in mancher Hinsicht der North Carolina-Klasse nicht das Wasser reichen konnte. Der erweiterte Schiffsschutz war ein dickerer Seitenpanzer, dessen zusätzliches Gewicht eine verkürzte Zitadelle erforderte. Auch die Länge über alles mußte um 15 m vermindert werden, was wiederum dazu führte, daß die Maschinenanlage bei unveränderter Schiffsbreite noch mehr zusammenrücken mußte. Trotzdem leistete sie rund 9.000 WPS mehr als die der North Carolina-Klasse.
Der Schiffsschutz wies einige wichtige Änderungen auf: Aufgrund der bei der North Carolina-Klasse zutage getretenen Gefährdung durch Steilfeuergeschosse, die durch die seitlichen Panzerböschungen nach unten abgelenkt wurden und dann durchdrangen, verlegte man die dicke Böschung ins Schiffsinnere und führte sie bis zum Schiffsboden nach unten. Die Dicke nahm dabei ab. Als Torpedoschutz dienten drei Längsschotte, die, sich nach unten verjüngend mit dem inneren Gürtelpanzer verbunden waren. Das System hatte man zuvor nicht getestet, und spätere Versuche gaben Anlaß zur Besorgnis. Die Klasse hatte keine Wulste. Dadurch gab es zwischen der Außenhaut und dem inneren Längsschott nur wenig freien Raum zum Auffangen der ersten Explosionsdruckwelle. Man änderte das durch Lagerung von Flüssigkeiten. Der eigentliche Fehler hätte aber nur bei einem Generalumbau behoben werden können. Aufgrund der zusammengedrängten Maschinenanlage mußten auch die Aufbauten enger zusammenrücken: der große Einzelschornstein bildete mit dem Turmmast eine Einheit, immerhin gab diese »Sparsamkeit« der Flak einen guten Bestreichungswinkel. Die South Dakota hatte als Flaggschiff ein Brückendeck mehr, führte dafür aber

Rechts: Eine beeindruckende Luftaufnahme der Alabama vom August 1943. Die Anordnung der Flak war Standard aller ab 1941 fertiggestellten US-Schlachtschiffe. Zu beachten sind die mittschiffs aufgestellten 12,7 cm/L 38 in Mehrzwecklafetten.

Unten: Die Alabama im Januar 1943 mit auflösendem Tarnanstrich. Ihr erster Einsatz erfolgte bei der britischen Home Fleet.

vier 12,7 cm-Mehrzweckgeschütze weniger (die mittleren Türme an den Seiten entfielen). Dafür sollte sie 28 mm-Vierlinge erhalten, die bei Fertigstellung dann durch 40 mm-Vierlinge ersetzt wurden. Ursprünglich waren nur zwei Schiffe dieser Klasse geordert worden. Die Entwurfsarbeit für die nachfolgende Iowa-Klasse lief bereits unter der Kennung BB 59, als sich die weltpolitische Lage veränderte. Daher wurden mit dem Gesetz vom Juni 1938 zwei weitere Einheiten bewilligt: die Massachusetts/BB 59 und die Alabama/BB 60. Gemäß diesem Entwurf sollten sie 12 x 28 mm-Vierlinge und 12 x12,7 cm-Einzellafetten (South Dakota 20x28 mm) erhalten. Die Waffen kamen nie zum Einbau, bei Fertigstellung führten sie 24 bis 32x40 mm und 30 bis 56x20 mm. Gegen Kriegsende verstärkte man die Nahbereichsflak nochmals auf 48 bis 72x40 mm und 37 bis 72x20 mm. Jedes Schiff hatte zwei Katapulte und drei Flugzeuge.

Mit Fertigstellung wurde die South Dakota und die Indiana im Pazifik stationiert. Die South Dakota nahm im Oktober 1942 an der Schlacht bei Santa Cruz teil und schoß dabei 26 Flugzeuge ab. Sie selbst erhielt dabei nur einen Bombentreffer. Im Verband mit der Washington versenkte sie im November in der Nachtschlacht von Guadalcanal die japanische Kirishima. Dabei wurde sie selbst von nicht weniger als 42 Granaten aller Kaliber schwer getroffen. Nach Reparatur in den USA operierte sie ab Sommer 1943 vorübergehend mit der britischen Home Fleet und kehrte im September zurück in den Pazifik. Die Massachusetts und die Alabama wurden von Beginn an im Atlantik eingesetzt. Erstere deckte im November 1942 die Landungen in Nordafrika und schoß die dort liegende französische Jean Bart in Brand, die Alabama sicherte im Frühjahr und Sommer 1943 Murmansk-Geleite. Im Herbst verlegten auch sie in den Pazifik. Dort unterstützten sie das Inselspringen, sicherten 1944/45 schnelle Trägergrup-

Oben: Die Massachusetts Anfang 1945 während der Beteiligung an den Trägerangriffen auf Formosa und Tokio. Die South Dakota-Klasse wurde in enger Anlehnung an die North Carolina entwickelt: als schwimmende Flakbatterien und als Feuerunterstützungsschiffe. Zu beachten ist der schlanke Großmast.

Rechts: Die Formation der Kampfgruppe 38.3 im Leyte Golf im November 1944. Der Hauptverband der Organisation in der US-Navy war die Flotte, hier die 3. Flotte. Jede Flotte besaß Kampfgruppen. Bei Leyte bildeten die Träger die 8. Kampfgruppe. Jede Kampfgruppe hatte wiederum Einsatzgruppen, hier die Gruppe 38.3. Die modernen Schlachtschiffe gaben Schutz vor Luftangriffen gegen die Träger, wurden aber nicht zur Landzielbeschießung eingesetzt.

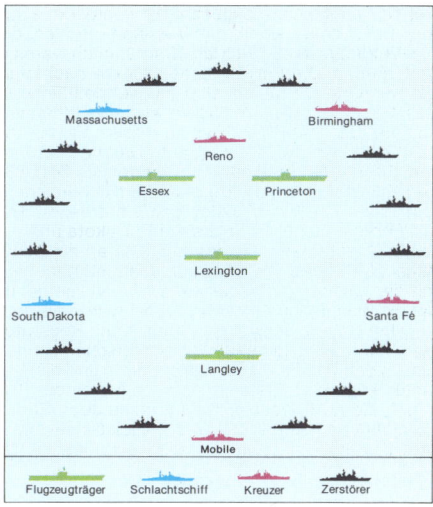

Massachusetts · Birmingham · Reno · Essex · Princeton · Lexington · South Dakota · Santa Fé · Langley · Mobile

Flugzeugträger · Schlachtschiff · Kreuzer · Zerstörer

pen und Landungen. Drei Schiffe dieser Klasse waren an der Schlacht in der Philippinen See beteiligt und wiederum drei im Leyte Golf. Alle vier nahmen an den Trägeroperationen gegen Japan teil.
1946/47 erfolgte die Überführung in die Reserve. Es gab zwar Planungen, sie zu modernisieren und u.a. für den Abschuß von Flugkörpern und als Landungsunterstützungsschiffe herzurichten, aber nichts wurde realisiert.
1962/63 wurden die South Dakota und die Indiana zum Abbruch verkauft, die anderen beiden blieben erhalten.

Unten: Die Indiana im April 1942. Sie war gerade fertiggestellt worden. Die Tarnung wurde für den Einsatz zwischen den Inseln des Südpazifiks gewählt. Zu beachten sind die zusammengeballten Aufbauten.

USA

Iowa-Klasse

Namen: Iowa/BB 61, New Jersey/BB 62, Missouri/BB 63, Wisconsin/BB 64
Kiellegung: 1940/42
Fertigstellung: 1943/44
Verdrängung: 48.110 ts Standard, 57.540 ts Einsatz
Abmessungen: Länge über alles 270,43 m, Breite 33 m, Tiefgang 11,02 m
Maschinenanlage: General Electric-Getriebeturbinen, 8 Babcock & Wilcox-Kessel, 200.000 WPS, 4 Wellen, 32,5 kn
Panzerung: Gürtelpanzer 310 mm, Decks 38 mm und 120 mm und 140 mm, Barbetten 440-295 mm, Türme 495-185 mm, Kommandoturm 445-185 mm
Bewaffnung: 9x40,6 cm, 20x12,7 cm-Mehrzweck, 60-80x40 mm-Flak, 49-60x20 mm-Flak
Besatzung: 1.921

Entwicklungsgeschichte: Die Entwürfe der North Carolina-Klasse hatten zwar auf der Forderung basiert, Schiffe zu bauen, die mit den schnellen Flugzeugträgern gemeinsam operieren konnten, zeigten aber ebenso klar, daß es unmöglich war, ein 35.000 ts Schiff mit 30 kn auch noch mit entsprechender Kampfkraft und Standfestigkeit zu versehen. Die South Dakota-Klasse war daher ein Kompromiß gewesen: große Kampfkraft, entsprechende Panzerung, 27-28 kn Geschwindigkeit. Aufgrund von Gerüchten im Jahr 1938, die Japaner bauten 46.000 ts Schlachtschiffe, hielten sich auch die USA, Großbritannien und Frankreich nicht länger an die Bindungen der Abkommen von Washington und London. Mit einer Verdrängung von 45.000 ts schien es möglich, die Kampfkraft zu steigern: Kaliberlänge der SA 50 statt 45, verstärkte Panzerung und eine Leistungssteigerung von 130.000 auf 200.000 WPS für 33 kn. Diese Geschwindigkeit wurde bei den Probefahrten tatsächlich erreicht, und die Einheiten waren die schnellsten Schlachtschiffe des Zweiten Weltkrieges. Die geforderte höhere Geschwindigkeit in Verbindung mit dem Verdrängungszuwachs war in der Furcht begründet, den Japanern könne es — wie bei Ausbruch des Pazifikkrieges mit der Kongo-Klasse geschehen — wiederholt gelingen, die Verbindungswege zu blockieren. Mit einem ersten Auftrag wurden vier Schiffe geordert, denen gemäß Notprogramm 1940 zwei weitere folgen sollten: Illinois/BB 65 und Kentucky/BB 66.
Das Schiffsschutzsystem ähnelte im Prinzip dem der South Dakota-Klasse: Verjün-

Unten: Die New Jersey mit dem Träger Hancock im Dezember 1944 in schwerer See. Wie die vorangegangenen beiden Klassen operierte diese Klasse nur mit Trägerkampfgruppen, denn erstmalig waren sie der hohen Geschwindigkeit der Trägergruppen ebenbürtig.

Oben: Die Iowa bei Kriegsende im Pazifik. Das lange, schlanke Vorschiff war nötig für die geforderte hohe Geschwindigkeit. Dafür waren die Schiffe vorn sehr naß.

Oben: Die Missouri in den letzten Kriegsmonaten beim Schießen ihrer SA. Sie und die Wisconsin kamen erst Ende 1944 in Dienst. Die Missouri wurde als Plattform zur Unterzeichnung der japanischen Kapitulation am 2. September 1945 auserwählt.

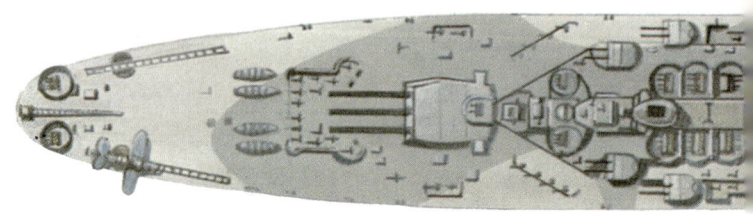

Oben: Decksplan der Missouri von Juli 1944. Zu beachten ist die Anordnung der 40 mm-Lafetten, die in gutem Abstand von den Türmen der SA postiert sind.

gung des Gürtelpanzers unter der Wasserlinie bis hin zum Schiffsboden, keine nach innen geneigte Böschung, sondern direkt an der Außenhaut sitzend. Dadurch entfiel die Bremswirkung bei hoher Fahrtstufe, denn die Panzerplatten saßen binnenbords und nicht außen. Innen saßen hinter dem Panzergürtel vier Längsschotts, die bei der South Dakota-Klasse erkannten Probleme entfielen hier. Ein anderes Merkmal waren die beiden schweren Panzerdecks und zwischen diesen ein Splitterdeck. Die Panzerdecks hatten zusammen eine Dicke von etwa 305 mm und gaben genügend Schutz gegen Bomben und steil einfallende Geschosse.

Die für die große Antriebsleistung vorgegebene Schiffskörperlänge nutzte man für die gut postierte MA mit 12,7 cm/L 38-Mehrzweckkanonen und die große Zahl an 40 mm-Vierlingsflak. Da es keine so eingeengte Aufstellung gab wie bei den Vorgängern, gab es auch weniger Probleme beim Schießen. Die Iowa wurde als Flaggschiff gebaut und hatte einen größeren Kommandoturm. Dadurch entfiel die 40 mm-Flak auf Turm B und sie besaß nur 60, später 76x40 mm — vier weniger als die New Jersey. Die Iowa hatte auch 60x20 mm, von denen einige später durch die 40 mm ersetzt wurden. 1945 führten alle Schiffe 49 bis 57x20 mm in Einzel- und Doppellafetten. Die Iowa wurde nicht nur als Flaggschiff verwendet. Es gab auf allen zwei Katapulte und drei Flugzeuge.

Die Iowa kam im August 1943 im Atlantik zum Einsatz: Geleitschutz vor Neufundland und einsatzbereit gegen einen Ausbruch der Tirpitz. Ab Januar 1944 befand sie sich mit der New Jersey im Pazifik und unterstützte das Inselspringen. Beide waren an den Schlachten in der Philippinen-See und im Leyte Golf dabei. Die Missouri und die Wisconsin kamen erst Ende 1944 in Dienst, waren an den Landungen auf Iwo Jima und Okinawa beteiligt und deckten die schnellen Trägerkampfgruppen bei den Angriffen auf Japan. Die Missouri wurde vor Okinawa durch Kamikaze leicht beschädigt. In der Bucht von Tokio wurde auf ihr die Kapitulation vollzogen.

Rechts: Eine Luftaufnahme der New Jersey nach ihrer Reaktivierung als Kommando- und Feuerunterstützungsschiff in Vietnam. Ihr Einsatz währte von 1968 bis 1969.

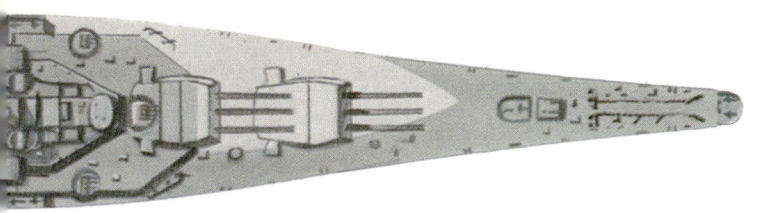

Unten: Das elegante und wohlausgewogene Profil der Iowa-Klasse unterschied sich wohltuend von der irgendwie zu massig wirkenden South Dakota-Klasse. Hier die Missouri im Juli 1944.

Die fünfte und sechste Einheit wurde nie vollendet. Die Illinois wurde im August 1945 annulliert. Zu diesem Zeitpunkt war sie erst zu 22 Prozent fertig. Die Kentucky wurde 1947 gestoppt, 1948 setzte man den Bau fort und stoppte ihn erneut. Jetzt plante man einen Umbau zum Raketenträger. 1958 gab man auch dieses auf und ein Jahr später erfolgte der Abbruch. Die Turbinen baute man auf zwei Schiffen einer neuen Klasse schneller Kampfzonenversorger ein: Sacramento/AOE 1 und Camden/AOE 2.

Im Koreakrieg kamen die Schiffe erneut als Flaggschiffe und zur Küstenbeschießung zum Einsatz. Jeder Einsatz währte sechs Monate: die Missouri von September 1950 bis März 1951, die Jersey von Mai bis November 1951, die Wisconsin von November 1951 bis März 1952, die Iowa von April bis Oktober 1952 und die Missouri nochmals von Oktober 1952 bis März 1953. Während dieser Zeit führten alle (nicht Iowa) das Radar Typ SPS 8A 3-D. Es saß auf dem geänderten Gittergroßmast. 1956 kollidierte die Wisconsin mit dem Zerstörer Eaton und verlor 20 m des Vorschiffs. Als Ersatz nahm man das entsprechende Bauteil von der unfertigen Kentucky. Alle vier Schiffe gingen 1958 wieder in die Reserve.

Die New Jersey stellte 1968 erneut in Dienst, in Vietnam fehlten Schiffe mit schwerem Kaliber zur Feuerunterstützung. Die Reaktivierung geschah nicht ohne Widerspruch und sie wurde nur geringfügigen Änderungen unterzogen. Die gesamte Flak befand sich zu dieser Zeit schon nicht mehr an Bord. Da man aber keine ernsthafte Bedrohung aus der Luft zu befürchten hatte, beließ man es bei 12,7 cm-Zuni-Täuschraketen. Diese sollten STYX-Flugkörper der nordvietnamesischen Schnellboote abwehren. Die Feuerleit- und Radarüberwachungsanlagen blieben unverändert. ESM und Nachrichtenmittel hingegen wurden auf den letzten Stand gebracht. Während ihres kurzen Einsatzes verschoß die New Jersey nicht weniger als 5.688 40,6 cm-Granaten (im Zweiten Weltkrieg waren es nur 771 gewesen). Aufgrund wachsender Kritik wurde sie zwar Ende 1969 außer Dienst gestellt, zugleich aber für weitere Einsätze vorbereitet.

1973 dachte man daran, alle vier Schiffe zur Disposition zu stellen, behielt sie aber in der Reserve. 1975 kam es zu ersten Vorschlägen zur Schaffung einer mit Raketen ausgerüsteten Überwasserstreitmacht, um diese in Gegenden zu stationieren, die weniger gefährdet waren und wo der Einsatz schneller Trägerkampfgruppen zu aufwendig war. Zum anderen wollte man so die sich durch die laufende Abnahme der Zahl der Träger auftuende Lücke schließen. Ende der 70er Jahre hatten die Bemühungen um

Rechts: Die New Jersey schießt eine Vollsalve in Richtung vietnamesische Küste.

Unten: Die New Jersey erhielt für den Vietnameinsatz nur wenige Verbesserungen, in erster Linie neue Nachrichtenmittel und ECM.

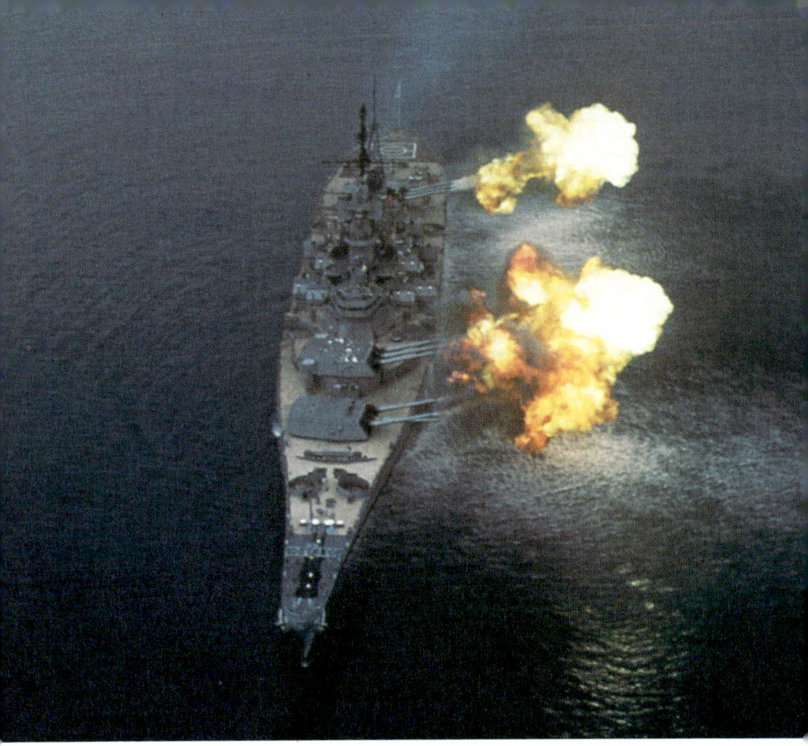

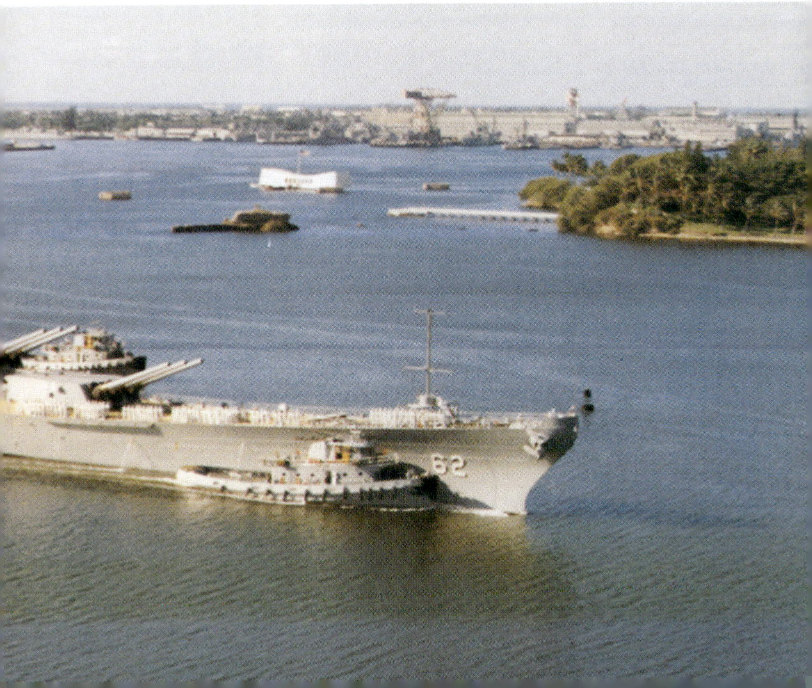
62

Oben: Die New Jersey Anfang der 80er Jahre beim Abschuß eines Schiff/Schiff-Flugkörpers. Nach Umrüstung erhielt sie 32 »Tomahawk«-Langstrecken-Raketen in gepanzerten Startboxen, 16 SSM Typ »Harpoon« von mittlerer Reichweite und dafür kamen vier 12,7 cm/L 38-Doppellafetten von Bord.

Rechts: Nahaufnahme eines der »Phalanx«-Nahbereichswaffensysteme (CIWS), bestehend aus einer sechsrohrigen 20 mm-Lafette und einem zugehörigen Verfolgungsradar. Nach der Umrüstung hatte die New Jersey vier dieser Art. Dazu kamen acht Super RBOC Mk 36-Startbehälter.

Freigabe von Geldern zum »Aufpolieren« der Iowa-Klasse Erfolg. Der Haushalt 1981 genehmigte die Modernisierung der New Jersey mit einem Gesamtvolumen von 326 Millionen Dollar, allein 170 Millionen für eine Grundüberholung.

Die übrige Summe kam einem neuen Waffensystem und der Elektronik zugute. Vier der 12,7 cm-Doppeltürme kamen von Bord und machten Platz für Schiff/Schiff-Flugkörpersysteme. Eingebaut wurden: acht gepanzerte viergehäusige Startbehälter für das »Tomahawk«-Schiff-Flugkörpersystem (vor und hinter dem zweiten Schornstein) und jenseits des Schornsteins vier Vierfachstarter für das »Harpoon«-Flugkörpersystem. Darüber hinaus kamen zur Aufstellung: Flugkörperabwehrsystem »Phalanx« CIWS, Super-RBOC-Starter und das ECM-System SLQ-32. Der Großmast fiel weg und

Oben: Aussehen der New Jersey nach der Reaktivierung 1983.

Oben: Die New Jersey nach einer geplanten zweiten Umrüstung mit Umbau mit einem Hangar und Flugdeck für Senkrechtstarter (V/STOL), zugleich Wegfall des dritten Turmes der SA. Dieses Projekt hatte sich als zu kostspielig erwiesen.

auf dem im Turmmast integrierten Fockmast kam ein Luftüberwachungsradar Typ SPS-49. Das Heck wurde freigemacht für einen Hubschrauberstartplatz und drei Hubschrauberstellplätze. Die Kessel wurden auf leichtes Heizöl umgerüstet.
Mit Wiederindienststellung verlegte die New Jersey ins Mitttelmeer zur 6. Flotte und unterstützte das US-Marinekorps im Libanon. Die Wiederherstellung der Iowa wurde mit den Haushalten 1982 und 1983 bewilligt. Im Frühjahr 1984 stellte sie in Dienst, die Missouri und die Wisconsin im Mai 1986 bzw. Oktober 1988.

Unten: Die New Jersey nach ihrer Reaktivierung 1982. Zu beachten ist der schwere Gittermast mit Luftüberwachungsradar SPS-49.

USA

Alaska-Klasse

Namen: Alaska/CB 1, Guam/CB 2, Hawaii/CB 3
Kiellegung: 1941/43
Fertigstellung: 1944
Verdrängung: 29.780 ts Standard, 34.250 ts Einsatz
Abmessungen: Länge über alles 246,4 m, Breite 27,8 m, Tiefgang 9,7 m
Maschinenanlage: General Electric-Getriebeturbinen, 8 Babcock & Wilcox-Kessel, 150.000 WPS, 4 Wellen, 33 kn
Panzerung: Gürtelpanzer 230-125 mm, Decks 35 mm und 95 mm, Barbetten 330-280 mm, Türme 325-125 mm, Kommandoturm 270-125 mm

Oben: Die Alaska kurz nach ihrer Fertigstellung im Juli 1944. Obwohl offiziell als Große Kreuzer klassifiziert, waren die Schiffe in vielem ähnlich den in schlechtem Ruf stehenden Schlachtkreuzern: schwere Bewaffnung, schwache Panzerung.

Bewaffnung: 9x30,5 cm, 12x12,7 cm-Mehrzweck, 56x40 mm-Flak, 30-34x20 mm-Flak
Besatzung: 1.517

Entwicklungsgeschichte: Allgemein als Großkampfschiffe bezeichnet, wurde die Klasse in der US-Navy stets als Große Kreuzer klassifiziert. Ihr Ursprung ist etwas widersprüchlich, denn die Forderungen lagen irgendwo zwischen einem Super-Kreuzer mit entsprechender Kampfkraft und Geschwindigkeit zur Bekämpfung der 20,3 cm-Kreuzer und einem neuartigen Schlachtkreuzertyp als Gegenpart japanischer Einheiten, die sich 1940/41 in Bau befinden sollten. Wichtigste Forderung war die gemeinsame Operationsmöglichkeit mit Trägerkampfgruppen. Man vermutete, die Japaner würden ihre kampfstarken 20,3 cm-Kreuzer und neuen Schlachtschiffe ähnlich einsetzen. Die Maschinenanlage ähnelte daher den Trägern der Essex-Klasse und war ausgelegt für 33 kn.
Die 30,5 cm-Geschütze wurden speziell für diese Klasse entwickelt, deren Grundent-

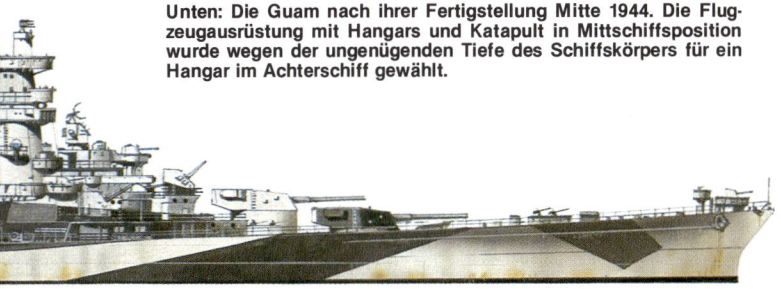

Unten: Die Guam nach ihrer Fertigstellung Mitte 1944. Die Flugzeugausrüstung mit Hangars und Katapult in Mittschiffsposition wurde wegen der ungenügenden Tiefe des Schiffskörpers für ein Hangar im Achterschiff gewählt.

wurf die Aufstellung von acht Geschützen in einem Zwillingsturm und zwei Drillingstürmen erlaubte. Dann änderte man ihn jedoch um für drei Drillingstürme, da das die
Herstellung erleichterte. Die MA mit 12,7 cm/L 38-Geschützen war vergleichbar mit
den 20,3 cm-Geschützen der Kreuzer der Baltimore-Klasse. Die größere Länge der
Alaska-Klasse erlaubte die Aufstellung zusätzlicher 40 mm-Lafetten. Wie bei anderen
Kreuzern auch, gab es nur ein Ruder. Nachteil: großer Drehkreis. Mittschiffs kamen
zwei drehbare Katapulte für vier Flugzeuge zum Aufbau. Die letzten US-Kreuzer mit einer solchen Anordnung waren die der New Orleans-Klasse gewesen. Man hatte sich
auch hier dafür entschieden, weil die Tiefe des Achterschiffes den Einbau eines Zwi-
schendeckhangars nicht zuließ. Die unklaren Entwurfsforderungen sind auch an der
relativ schwachen Panzerung zu ersehen. Anfangs hatte man einen Panzer gegen 30,5
cm-Geschosse über den Magazinen und gegen 20,3 cm-Geschosse über den Maschinenräumen vorgesehen. Schließlich mußte auch der Schutz der Maschinenräume verstärkt werden, denn mittschiffs befanden sich die 12,7 cm-Magazine. Für einen Kampf
mit japanischen Schweren Kreuzern war der Schutz ausreichend, gegen Schlachtschiffe — auch nicht gegen die Kongo-Klasse — wäre er zu schwach gewesen.
Nach dem Angriff auf Pearl Harbor verzichteten die Japaner auf den Bau der geplanten Schlachtkreuzer. Als Schutz für die Trägerkampfgruppen war die Alaska-Klasse

gut einsetzbar: hohe Geschwindigkeit, großer Fahrbereich und starke Flak. Trotz ihrer relativ kurzen Verwendungszeit standen die Einheiten in der Flotte in gutem Ruf. Die Alaska kam im Januar 1945 bei Iwo Jima und Okinawa zum Einsatz. Im März deckten sie und die Guam die Trägereinsätze gegen Japan. 1947 kamen sie in die Reserve und 1961 erfolgte der Verkauf zum Abbruch.

Das dritte Schiff, die Hawaii, war im August 1945 zu 82,4 Prozent fertig, dann erfolgte der Baustopp. 1946 verlegte sie zum Umbau zum Raketenträger nach Philadelphia. Der Umbau wurde ein Jahr später widerrufen, und nun sollte sie taktisches Kommandoschiff für Trägerkampfgruppen werden. Auch dieses Projekt scheiterte an den Kosten und 1959 wurde sie zum Abbruch verkauft. Es waren noch drei weitere Einheiten dieser Klasse geplant, ihr Bau wurde bei Bekanntwerden, daß die Japaner keine Schiffe dieser Art mehr bauen würden, im Juni 1943 annulliert. Ihre vorgesehenen Namen waren: Philippines, Puerto Rico, Samoa.

Unten: Die Alaska 1944, schnell, relativ gut geschützt und im Vergleich mit den US-Schlachtschiffen durch eine gutverteilte leichte Flak versehen, zeigten sich die Schiffe dieser Klasse als idealer Schutz für Trägergruppen. Sie wurden allerdings kurz nach dem Krieg außer Dienst gestellt und nie wieder reaktiviert.

Das Panzerschiff ADMIRAL GRAF SPEE — von der Indienststellung bis zum Ende in Montevideo. Das Bildmaterial und die präzisen Texte bestechen. Zeichnungen und Tabellen.
Band 8

48 S. · Großformat   **19,80 DM**

SEGELSCHULSCHIFFE · weltweit
Viele der großen »Windjammer« der heute in Fahrt befindlichen Segelschulschiffe vieler Nationen werden in diesem Band vorgestellt. Herrliche Aufnahmen.
Band 9

48 S. · Großformat   **19,80 DM**

DIE SCHLACHTKREUZER DER KAISERLICHEN MARINE (II)

Die Recken der Hochseeflotte DERFLINGER und LÜTZOW, die HINDENBURG und die nicht mehr fertiggestellten Schlachtkreuzer.
Band 10

48 S. · Großformat   **19,80 DM**

MARINE-ARSENAL
Sonderheft Band 3
Schlachtschiffe 1905-1945
Siegfried Breyer
Nie beendete oder nur projektierte Schlachtschiffe vergangener Zeiten in treffenden Bildern (Gemälden), als seien sie tatsächlich in See gewesen.
48 S. · überwiegend Farbe **24,80 DM**

»Marine-Arsenal«

In dieser Reihe sind bisher erschienen:

Band 1: Schlachtschiff TIRPITZ (z.Zt. vergriffen. Nachdruck geplant)
mit 90 Fotos und Zeichnungen sowie Sonderteil »Marine-Info aktuell« zu den Themen »Die größten Luftkissenfahrzeuge der Welt« (8 Abbildungen) und »Neue Raketenzerstörer für Italiens Marine« (4 Abbildungen). 19,80 DM

Band 2: Schlachtschiff GNEISENAU
mit 84 Fotos und Zeichnungen sowie Sonderteil »Marine-Info aktuell« zu den Themen »Indiens Fregatten-Neubauten«, »Nordkoreas Marine« und »Neue Fregattenserie für die Royal Navy« mit zusammen 26 Abbildungen. 19,80 DM

Band 3: Schlachtschiff SCHARNHORST
mit 79 Fotos und Zeichnungen sowie Sonderteil »Marine-Info aktuell« zu den Themen »Schwimmende Raketenmeßbasis MARSHAL NEDELIN«, »Deutsche Uboote für Indiens Marine« und »Meko-Fregatten für die Türkei« mit zusammen 11 Abbildungen. 19,80 DM

Band 4: Flugzeugträger GRAF ZEPPELIN
mit 56 Fotos und Zeichnungen sowie Sonderteilen »Marine-Info aktuell« (Themen: »Neue französische Raketenzerstörer«, »Ehrgeiziger rumänischer Flottenausbau« und »Mehrzweckboot-Bauprogramm der Bundesmarine« mit zusammen 16 Abbildungen und »Aus der Marine-Historie« mit dem Thema »Vor 66 Jahren: Die Flottenkonferenz von Washington« mit 4 Abbildungen). 19,80 DM

Band 5: DIE BUNDESMARINE
Seit mehr als 30 Jahren gibt es wieder eine deutsche Marine. Über welche Schiffe und Flugzeuge sie verfügt und wo sie zuhause ist, wird in diesem Band dargelegt. Mit aufgenommen sind auch die Fahrzeuge des Seegrenzschutzes. 102 Fotos und Zeichnungen. Nachauflage 19,80 DM

Band 6: Panzerschiff »DEUTSCHLAND«/Schwerer Kreuzer »LÜTZOW«
Mit 85 Fotos und Zeichnungen sowie Sonderteilen »Marine-Info-aktuell« (Themen: »Im Kommen: Die Fregatte 123« und »H.M.S. ARGUS: Eine richtungsweisende Entwicklung«) und »Aus der Marine-Historie« (Thema: »Vor 50 Jahren: Kiellegung der japanischen Super-Schlachtschiffe«) mit zusammen 8 Abbildungen. 19,80 DM

Band 7: Schlachtkreuzer der Kaiserlichen Marine
Mit 82 Fotos und Zeichnungen sowie Sonderteil »Marine-Info aktuell« (Themen: Bedeutsame technologische Innovation im deutschen Ubootbau« (1 Abbildung), »WIG als Truppentransporter und 'fliegende Raketenkorvetten'« (3 Abbildungen), »Flugzeugträger-Neubauten in Italien und Spanien« (9 Abbildungen) und »Neues BGS-Patrouillenschiff im Kommen« (1 Abbildung). 19,80 DM

Band 8: Panzerschiff »ADMIRAL GRAF SPEE«
Mit umfangreichem Bildmaterial und Skizzen sowie Sonderteil »Marine-Info aktuell« (Themen: Frankreichs erster Nuklear-Flugzeugträger, China: Jüngstes Mitglied in »SSBN-Club«, Neue Raketenzerstörer für die amerikanische Marine) 19,80 DM

PODZUN - PALLAS - VERLAG